Joachim Dachsel   Zwischen Hammer und Nagel

Joachim Dachsel

Zwischen Hammer und Nagel

Miniaturen und Feuilletons

Evangelische Verlagsanstalt Berlin

ISBN 3-374-00557-8

Ein Lächeln geht auf
hinter Tränen
Das scheint in Nächte hinein
und wärmt den Tag

Manchmal aber
vor Morgen
hör ich ein Lachen scheppern
am Rande der Milchstraße

Das gellt einem gelehrigen
und unbelehrbaren Wesen
herzzerreißend
hinterher

Seifenblasen und Schmetterlinge

Manchmal liest man etwas von Ihnen lieber Herr Doktor mal hier mal da ein paar Seiten oder auch nur eine einzige und freut sich oder wundert sich mancher ärgert sich wohl auch Sind meist so kleine leichte Dinge wie Seifenblasen oder Schmetterlinge aber die summieren sich ja auch und dann wird sogar ein Buch daraus und was ich Sie schon lange fragen wollte lieber Herr Doktor wie machen Sie das nur alles wo Sie doch Ihren Beruf haben immer noch und der soll gar nicht so leicht sein höre ich und das andere können Sie also bloß in Ihrer Freizeit machen nicht wahr und die brauchen Sie ja eigentlich selber denke ich und ...

Keine Sorge, Frau Nachbarin! Sie sagen ja selbst: Das alles ist so leicht. Wie Seifenblasen und Schmetterlinge. Sehen Sie: Nachts in meinem warmen Bett erscheint mir plötzlich so ein Schmetterling, und ich lächle, weil er so hübsch ist. Dann schlafe ich friedlich wieder ein. Am Morgen frühstücke ich und rauche eine Zigarette. Dabei lasse ich den Schmetterling ein paar Minuten vor mir hingaukeln. Schließlich setze ich mich an die Schreibmaschine, tippe etwas herunter, stecke es in einen Umschlag, und wenn ich zum Dienst aufbreche – Sie wissen ja, so früh ist das oft gar nicht –, dann nehme ich's gleich mit zur Post. Während ich meiner Arbeit nachgehe, fliegt er schon, der Schmetterling: dorthin, wo man ihn erwartet. So einfach ist das.

Ei ei ei nun spaßen Sie schon wieder lieber Herr Doktor machen sich lustig über eine alte Frau zwinkern mich an und ich weiß doch daß es so einfach auch wieder nicht ist was ich ja schon merke wenn ich einen Brief schreiben will und ich komme damit nicht vom Fleck es will nicht richtig heraus und ich werfe das Blatt weg und fange von vorn an und ...

Sie haben ja so recht, verehrte Frau Nachbarin! Glauben Sie kein Wort davon! Es ist alles ganz anders. Höchstens das mit dem Bett – das ist nicht gelogen: Manchmal, mitten in der Nacht, sehe ich plötzlich vor mir den Schmetterling und fürchte: Gleich fliegt er mir davon! Will sagen: Mir fällt etwas ein, obwohl ich schon meinte, nie mehr werde mir etwas einfallen. Aber damit ist es ja noch nicht wirklich da, ist noch gar nicht erschaffen. Denn erschaffen, Frau Nachbarin, wird es erst, indem man es schreibt. Entweder – wenn ich meinen Nachtschlaf retten will – muß ich mir sofort eine Zeile notieren, die keiner versteht, nur ich selber, hoffentlich auch nach Tagen. Oder es beginnt auf der Stelle in mir zu arbeiten, noch im Bett. Dann ist es um meinen Schlaf geschehen. Von nun an habe ich die Sache eine Woche länger am Hals, Tage, in denen ich unzufrieden bin mit dem, was ich da hervorbringe, gepeinigt, verfolgt. Zwar steht es mittlerweile längst auf dem Papier, vielleicht schon vom ersten Tag an. Und ich Dummkopf denke wohl gar: Jetzt ist es fertig. Aber es ist nicht fertig. Es drängt sich in alles, was ich tue; und tue ich nichts, dann ist es erst recht da und stößt mich: Du, ich stimme noch nicht, ich klinge noch nicht, ich bin eine Mißgeburt; da ist ein Wort, das sitzt noch nicht und trifft noch nicht. Wie? Du findest das Treffende nicht? Dann suche! Du kannst mich nicht mehr fallenlassen und einfach wegwerfen. Denn nun bin ich da, wenn auch noch im Werden. Jetzt, sagt der Quälgeist, wirst du mich nicht mehr los, bis ich dir zunicke: Laß mich fliegen! Vorher nicht. Und wehe, wenn du mich zu früh fliegen läßt! Dann wirst du nicht mehr froh! – So etwa ist das, verehrte Frau Nachbarin.

Aber lieber Herr Doktor dann versteh ich nicht warum Sie sich darauf einlassen wenn Sie sich doch so plagen müssen und doch gar nicht dazu verpflichtet sind und es auch wohl nicht nötig haben wo Sie doch Ihr Gehalt beziehen und ...

Liebe Frau Nachbarin, was soll ich Ihnen nur antworten? Daß diese Plackerei in Wirklichkeit die Lust ist, die mich am Leben hält? Daß ich eigentlich nur bin, indem ich mich mit solchen

Schmetterlingen abgebe? Daß ich in Trübsinn verfalle, wenn da nichts ist, kein Einfall, keine drei Seiten im Werden, kein Gedicht, gar nichts? Ein Narr bin ich, das liegt auf der Hand. – Wissen Sie übrigens, was das Schwerste ist? Zu erreichen, daß am Ende der Schmetterling wirklich fliegt und die Seifenblase so leicht ist, daß sie schwebt. Und das, obwohl doch auf der Seifenblase die bunte Welt zu sehen sein muß, in der wir leben, ein Stück davon wenigstens. Und die ist ja nicht leicht, die schwebt ja nicht. Stimmt's, Frau Nachbarin?

Nein Herr Doktor wenn Sie mich alte Frau fragen es stimmt nicht weil nämlich auf einer richtigen Seifenblase die Welt von selber drauf ist und nicht erst aufgepackt oder aufgemalt werden muß weil sich vielmehr alles von ganz allein darauf spiegelt die Fenster da und die Linden das Haus und der Himmel und ...

Oh, das ist wahr, verehrte Frau Nachbarin! Da haben Sie etwas sehr Kluges gesagt! So ist das bei einer ordentlichen Seifenblase. So hat das zu sein. Aber die Schmetterlinge, Frau Nachbarin! Da spiegelt sich nichts. Da muß ich wohl doch Farben mischen und Pinsel suchen, immer feinere, ganz besonders feine, und muß eine ruhige und geduldige Hand haben. Oder?

Nein doch lieber Herr Doktor haben Sie schon einen gesehen der Schmetterlinge anmalte wo das doch gar nicht nötig ist und sie ja schließlich alle wie ich alte Frau sage so bunt wie sie sind vom lieben Gott selber kommen und ...

Richtig, Frau Nachbarin. So ist das. Ohne Zweifel. Mit Gottes Schmetterlingen schon. Aber nicht mit meinen eigenen. Sehen Sie, das ist der Unterschied. Und wahrhaftig ein sehr, sehr großer.

Unkompliziert

Sie hatte geschrieben:

... und so bitte ich Sie im Namen dieses interessierten Kreises von Frauen, uns am 10. Oktober eine Dichterlesung zu halten ...

Nein, das hatte sie eben nicht geschrieben, sondern vor das Wort DICHTERLESUNG hatte sie Anführungsstriche gesetzt, dahinter aber keine Ausführungszeichen. Und schließlich hatte sie die Anführungszeichen vor dem Wort wieder gestrichen.

Ich versuche diesen vertrackten Text zu lesen. Zuerst also hat sie DICHTERLESUNG munter in Anführungsstriche setzen wollen. Was bewog sie dazu? Vielleicht dachte sie: Man nennt so etwas zwar Dichterlesung, aber eigentlich ist er ja kein richtiger Dichter; denn darunter stell ich mir etwas anderes vor: lorbeergekrönt, feueräugig und voll dunkler Rede. Das trifft auf ihn nicht zu. Also ist es auch keine richtige Dichterlesung, sondern eine – nun, eben in Anführungszeichen. Aber dann erschrak sie. Ihr dämmerte: Schreib ich das so, ist es unhöflich. Er wird gekränkt sein und beißt nicht an; denn ich schätze, er ist eitel und will als Dichter gelten. Resultat: Er kommt nicht, und damit ist uns nicht geholfen. Folglich streiche ich die Anführungszeichen wieder, und Ausführungsstriche setze ich erst gar nicht.

War es so? Mein Kopf spielt noch eine andere Variante durch. Arglos schreibt sie Dichterlesung ohne Striche. Später stutzt sie, denkt: Nun liest er womöglich pausenlos Gedichte, stundenlang. Wer kann das aushalten: zwei Gedichte – ein Schluck Wasser – vier Gedichte – ein Schluck Wasser – drei Gedichte ... Da schläft mir dieser Kreis von Frauen ein, die von der Arbeit kommen, sich noch einmal aufgerafft haben und nun in Sesseln sitzen ohne Strickzeug. Das wäre mir ein Fiasko! Und schon – ganz unbewußt – hat sie Anführungsstriche vor DICHTERLESUNG gesetzt in dem dunklen Drange, mir anzuzeigen, gar zu dichterisch möge es – bittschön – nun auch wieder nicht zugehen. Dann jedoch schoß ihr durch den Kopf: Er wird gekränkt sein und nicht anbeißen ... Fortsetzung siehe oben!

Welche Variante ist die wahrscheinlichere? Ich kann mir's nicht verhehlen: die erste.

Was tu ich nun? Hebe ich selbstbewußt die Nase und pfeife auf eine solche Einladung? Lasse ich diesen »interessierten Kreis von Frauen« sitzen und die Schreiberin weitersuchen nach jemandem, der sich eine Dichterlesung anhängen läßt mit Anführungsstrichen oder ohne Anführungsstriche?

Oder senke ich in Demut die Nase und frage mich: Willst du denn partout Dichter sein? Hast du gar im Sinn, Gedicht auf Gedicht zu lesen in unabsehbarer Folge? Für so unbarmherzig und unklug sollte man dich denn doch nicht halten.

Also: Sag ich ab? Oder sag ich zu?

Es ist September. Am zehnten Oktober ... Nein, jetzt abzusagen, das kannst du ihr nicht antun. Sie hätte sich früher melden sollen, zugegeben. Aber wie soll sie in so wenigen Tagen noch einen Ersatz für dich finden – abgesehen davon, daß niemand gern Ersatz ist? Außerdem gibt es da diesen interessierten Kreis von Frauen, und die wollen – Dichter hin, Dichter her – nicht irgend jemanden, sondern dich ...

Nun gut, ich sage zu. Ich teile mit, ich sei gern bereit, am zehnten Oktober die erbetene Lesung zu halten. Ich schreibe: Lesung. Das Wort Dichterlesung vermeide ich.

Nach einer Woche schon kommt ein Brief. Madame antwortet, freudig bewegt (man sieht's an der Schrift!): »Ich danke Ihnen von Herzen. Unser Kreis von Frauen hatte sich ja eigentlich eine Schriftsteller*in* einladen wollen. Ich habe es versucht, aber Sie ahnen ja gar nicht, wie viele Absagen ich bekommen habe! Und nun Ihre so unkomplizierte Zusage! Wir freuen uns auf Sie ...«

Hm!

Theobald der Dichter

Mein Freund Theobald ist ein Dichter. Nicht nur ein sogenannter, sondern ein richtiger. Das weiß ich schon längst und habe Proben davon. Aber die meisten wußten es nicht. Denn er hatte mit fünfundfünfzig erst ein einziges Gedicht veröffentlicht. Und dort, wo er wohnt, im Hinterwald, bekam das kaum einer zu Gesicht.

Dann aber wurde er in einem Wettstreit für Lyrik preisgekrönt. Im Ausland. Als er hinfuhr, um sich den Preis verleihen zu lassen, wirkte er dort als exotische Erscheinung, weil er leibhaftig kam. Als er zurückkehrte, bei uns ebenfalls. Als habe sich plötzlich unter den Gänseblümchen eine Orchidee entfaltet. Und die Leute steckten die Köpfe zusammen. Die einen sagten: Wir haben's doch immer gewußt! Die anderen: Wir haben's doch gar nicht geahnt! Und einer, der Gedichte hauptsächlich aus Schul-Lesebüchern kennt, forderte: Sag uns doch mal eines deiner Gedichte auf! Als seien das solche, die man einfach »aufsagen« kann, mit einem Knicks vorn und einem Knicks hinten! Ein Zeitungsreporter rollte an und veranstaltete ein ausführliches Interview mit Theobald. Kurz – es ging ein Rauschen durchs Gelände, ein Rauschen über Grenzen hinweg, ein Rauschen von Autos, ein Rauschen im Blätterwald, ein Rauschen im Hinterwald, ein Rauschen von Bärten und ein Rauschen von Kleidern schöner Frauen, die enthusiasmiert auf Theobald zurückten.

Und das Rauschen hält an, obgleich die Leute bis auf diesen Tag nur ein einziges Gedicht von Theobald kennen. Oder auch dieses nicht. Denn bis man mehr von ihm lesen wird, kann das noch dauern. So rasch geht das nicht, hierzulande. Aber das macht nichts. Denn nun steht fest, verbrieft und versiegelt: Theobald ist ein Dichter.

Ich weiß, er ist wirklich einer. Ich kenne viele seiner Gedichte, kostbare Sprachgebilde, und schätze sie hoch. Ich weiß auch, daß sie es in sich haben und knifflig sind. Wären sie eines Tages so mir nichts dir nichts in den Buchhandlungen erschienen, dann hätten die Leute im Hinterwald gefragt: Ist das nun etwas oder ist das nichts? Und weil der Prophet daheim nichts gilt, hätten sie wohl die Achseln gezuckt und gedacht: Vielleicht ist das gar nichts. Darin hätten sie sich gegenseitig bestärkt, hätten weiterhin im Hinterwald gelebt, ihr Bier getrunken und Theobald einen guten Nachbarn sein lassen, der ein bißchen spinnt.

Nun aber ist das ausgestanden. Die Gefahr ist gebannt. Denn nun mögen Theobalds Werke – eines nach dem andern oder alle miteinander – kommen, wann sie wollen. Der Ruhm geht ihnen voraus, würdevoll wie ein Hofmarschall. Er wird ihnen die Tür öffnen und dreimal mit seinem Stab auf den Boden stampfen. Dann werden sie hervortreten. Alle, die darauf gewartet haben, werden sich belohnt fühlen und sie begeistert empfangen. Und werden streng darauf achten, sich nicht zu blamieren.

Gratuliere, Theobald! Ich weiß, wie du an jedem deiner Verse gearbeitet hast. Kritisch, fast selbstquälerisch. Wie oft du dabei vor deiner Lebensuhr verzagt bist: »Viel zu spät!« Aber der gewöhnliche Gang der Dinge hat sich umgekehrt, fast ohne dein Zutun. Bravo, schlag ihm ein Schnippchen!

Komm, Maschinchen

Komm, Maschinchen, ins Auto! Fahren wir! Sie, die Frau, trägt dich am Henkel deines Köfferchens. Du hast mehr als vierhundert Seiten ins reine geschrieben in diesen Wochen und nie geklagt. Zwar hab ich einen Walzenknopf von dir in der Tasche und eine Schraube, von der ich nicht weiß, wohin sie gehört. Aber versagt hast du nie.

Nun ist das Manuskript aus dem Haus – drei Exemplare, verpackt in zwei Pakete, abgeschickt an zwei verschiedenen Tagen, damit wenigstens eines ankommt, wenn dem anderen etwas zustoßen sollte. Es könnte ja ein Postwagen abbrennen. Oder? Ob es so kostbar ist? Nur eine Übersetzung. Aber ein paar Jahre Arbeit. Wir ernten damit kaum mehr Ruhm als du, gräm dich nicht! Unsere Namen werden weit unter dem des Autors stehen, wenn auch »deutlich sichtbar« laut Vertrag. Aber vielleicht ernten wir auch Schande, von Rezensenten nämlich, von Frau Dr. Beck-Messerle vor allem, mit ihrer furchterregenden Gescheitheit hinter der dicken Brille, wenn sie voll Behagen das Mißlungene aus dem Gelungenen klaubt wie Rosinen aus dem Kuchen ...

Dich, Maschinchen, wird es nicht treffen. Du bist unschuldig. Aber du bist Zeuge. Du hast alles angehört: unseren Kampf um den besten Ausdruck von Seite zu Seite. Du warst dabei, wenn wir die Nerven verloren. »Das Original in schöpferischer Weise werkgetreu wiedergeben« – ha, du hast stumm unserer täglichen Gratwanderung zugesehen, unserem Bemühen, weder nach links abzurutschen in den Sumpf der Werkuntreue noch nach rechts ins Geröll holprig-lächerlicher Wörtlichkeit. Wenn es uns aber in Nacht und Traum verfolgte, dann hast du in deinem Köfferchen geruht, ohne hellwach vor dich hin zu klingeln.

Jetzt soll dir's gut ergehen. Du kommst zu einem sanftäugigen jungen Mann mit Vollbart und schlanken Händen, zu einem

Kundigen, der weiß, wie er dich anzufassen hat. »Reparatur mechanischer und elektromechanischer Schreibmaschinen« steht am Gartentor, und er hat Sprechstunden wie ein richtiger Doktor. Christian heißt er – ein schöner Name, der Gutes erhoffen läßt. Er wird dich zerlegen und wieder zusammensetzen, ganz behutsam, und dabei wird er vor sich hin summen und brummen, daß dir urwohl sein kann. Er wird dich reinigen und putzen und alles an dir, was verbraucht ist, austauschen gegen Unverbrauchtes, gegen Funkelnagelneues. Und wenn wir dich wieder abholen, in vier Wochen etwa, dann wirst du schön sein wie zu Anfang, wirst deinen Knopf wiederhaben und deine Schraube – wohin immer sie gehören mag. Deine Walze wird mattschwarz sein, ohne Spuren. Ein neues Band wirst du haben, und wir werden gar nicht mit dir arbeiten können, ohne dich zu streicheln.

Komm, Maschinchen, fahren wir dich hinüber! Wir werden allein zurückkehren: ein bißchen hohläugig und mit dünnen Nerven, blaß geworden vom Balancieren zwischen schöpferisch und werkgetreu. Es wird Zeit, die Wohnung aufzuräumen. Fort mit Papierstößen, Zetteln, Wörterbüchern! Fort mit dem Staub! Wir werden die Fenster aufstoßen, den Nachbarn zunicken und nicht mehr mit der Minute geizen. Vielleicht können wir noch etwas von unserm Ruf retten, werden nicht mehr als ungesellig gelten oder gar als faul und schlampig.

Wir fühlen uns nicht besonders wohl. Wir brauchten Sonne und Waldluft, einen Teich zum Schwimmen, blauen Himmel voller Vögel. Aber es ist Dezember …

Wenn wir dich wiedersehen, wirst du verjüngt glänzen. Wir aber sind wieder ein Stück gealtert, ohne daß Christian uns helfen kann. Nichts an uns vermag er auszutauschen gegen Funkelnagelneues. Wir werden auf einen ganz anderen warten müssen.

Komm, Maschinchen! Wir sorgen für dich. Sollst's gut haben!

Tiefdunkle Nacht

Du erwachst und weißt: Noch geht es nicht auf den Morgen. Weder dämmert es, noch stellen sich die Geräusche ein, die den Tag ankündigen. Tiefe Finsternis herrscht, aber du bist erwacht und spürst: Da ist etwas in dir, kein Schmerz, kein Fieber, kein Magendruck, keine Atemnot und doch irgend etwas Unerfreuliches. Was also? Und plötzlich geht es dir auf. Alles in dir sagt: Es ist an der Zeit zu sterben – richtiger: tot zu sein. Du liegst und suchst dich ab nach Ursachen. Kommst du so aus einem Traum? Du kannst dich nicht erinnern. Da ist nichts – außer dem Gedanken: Das Beste ist längst gewesen. Was mag noch kommen? Minderes. Mühseliges. Schlimmes. Da liegst du. Lebenssatt? Nein, du *hast* es nicht satt und du *bist* auch nicht satt davon. Aber was sonst in den Keller gesperrt ist, jetzt steigt es herauf: Du hast Angst vor dem, was noch aussteht. Du denkst: Wenn ein Ende sein muß, dann jetzt und so. Es gelingt dir nicht, Abstand zu gewinnen von diesem Gedanken, dich über dich selbst zu empören, wenigstens ein Gran Spott aufzubringen über so viel schlaftrunkene Schwäche. Du bist so eins mit deinem Todeswunsch, daß du erkennst: Es ist ernst, tod-ernst. Das ist nicht etwas in dir, etwas unter allerlei Widersprüchlichem. Nein, das bist du, und zwar ganz. Du bist bereit, völlig undramatisch zu sterben, auf der Stelle, ohne jeden Abschied, die Augen zu schließen und wieder in den Schlaf zu gleiten, in Schlaf ohne Erwachen. Es wäre kein Unglück. Es wäre kein Glück. Es wäre nur das Richtige.

Nichts lehnt sich dagegen auf. Nicht der Gedanke an nächste Menschen, an ein unvollendetes Werk, an etwas, das du noch sehen oder erleben möchtest, an Pflichten – ach, nie hat dieses Wort so fad geschmeckt wie gerade jetzt! Nichts rührt sich, das dich halten will. Nur still ist es, ganz still. Friede? Weder Friede noch Unfriede. Geschweige denn Zufriedenheit. Auch nicht Überdruß, nicht Ekel oder Anklage. Kein Haß. Du willst

dich an niemandem rächen, keinem etwas antun mit deinem Tod. Daß du ungewollt jemandem damit Leid zufügen könntest – selbst das gewinnt keine Kraft, vermag nichts. Jetzt gehen – es wäre nicht das Beste, was man sich je wünschen, aber doch das Beste, was geschehen könnte, wie die Dinge nun einmal stehen. Und du liegst klaglos in tiefdunkler Nacht. Möge auch sie noch schwinden und doch keinem Tag weichen!
Schließlich legst du dich auf die Seite und krümmst dich zusammen unter deiner leichten Decke. Als du es getan hast, fällt dir ein: Wie ein Embryo! Wie im Mutterleib! Wie vor der Geburt! Und weil du gewohnt, ja darauf dressiert bist, dich zu fragen, was du eigentlich tust, wunderst du dich über dich selbst.
Scheinbar ohne Zusammenhang fliegt dir ein Wort zu, ein Wort, das dir nur kommen kann, weil du einmal Latein gelernt und es nicht vergessen hast. Das Wörtchen »coram«. Und du weißt, daß es »in Gegenwart von ...«, daß es »vor dem Angesicht« bedeutet. Da geht dir der Zusammenhang auf: Hier bist du und liegst da wie einer, der erst noch geboren werden soll. Wie im Mutterleib und doch coram. Die Decke, die dich einhüllt, verbirgt dich nicht. Das Haus, das dich umgibt, versteckt dich nicht. Du liegst hier wie ein Gebet. Und du denkst gerade noch: Wie gut, daß ich keine Worte suchen muß, weder alte noch neue! Ich brächte es nicht zustande. Aber hier liege ich doch: coram. Das genügt. Und dann, während du noch immer so liegst, weißt du auch das nicht mehr. Da ist nur die tiefdunkle Nacht. Da sind deine Atemzüge, die du selber nicht hörst.

2 5972

Schlaf oder
Das Schiff nach morgen

Für Ursel

Vertraut seit Jahrzehnten, aber mit der Zeit wichtiger geworden: die Sache mit dem Schiff, das nach morgen bringt. Kein Traum, nicht nur ein Gedankenspiel. Es ist mehr.
Spät am Abend, wenn wir uns geliebt haben – ach, unsere Sehnsucht nach der Wärme des anderen! –; wenn wir einander gestreichelt haben, als lüde uns das sanft auf; wenn jeder sich zurückgezogen hat auf sein Lager – ach, wo ist das französische Bett ohne Schwelle zwischen uns und mit der einen Decke, die uns beide einhüllt? –, dann also, dann beginnt es:
Ich niste mich ein in meiner Koje, dichte rundum ab, zumal im Winter, nur eben daß Luft bleibt. Das Schiff ist bereit: kein Ozeanriese, eine Nußschale bloß auf dem Meer der Nacht, und das Ruder habe ich abgegeben.
Kritische Minuten: Was der Tag an den Rand drängte, kriecht aus allen Ritzen wie Kakerlaken. In der Finsternis will es über mich her. Ich habe Mühe, es in die Flucht zu schlagen.
Dennoch. Es gelingt. Ich gleite in Schlaf, und das Schiff ist längst ausgelaufen, macht Fahrt mit Kurs auf morgen. Tief in der Nacht, wenn ich mich wende, höre ich's: Leise und leicht stampft die Maschine, kaum merklich summt es in den Ohren.
Schlaf des Gerechten? Gutes Gewissen als sanftes Ruhekissen? Was aber, wenn es nur stumpf wäre, dickes Fell, träges Nichthinhören, Nichtwissenwollen? Ich habe verlernt, meinen Kopf arglos auf die Daunen des guten Gewissens zu betten, in die weiche Wärme dessen, was so heißt.
Dennoch Schlaf: Nicht nur als animalisches Erliegen. Kein geraubter, kein bloß geduldeter.
Gegönnter Schlaf, entlastend gebotener: Unterbrich dich selbst!
Die Nacht geht hin zwischen Küste und Küste. Zeit verstreicht, ungemessen, kaum wahrgenommen. Später wird mir sein, als

habe es da Inseln gegeben, Stimmen, Menschen. Aber Erinnern
glückt nicht, alles zerrinnt.

Dann, wie von weither zuerst: Möwenschrei, Gurren, unbe-
kannte Laute. Vögel melden sich, Boten der Küste Morgen.
Ich sperre sie nicht mehr aus. Sie suchen Platz im Hirn, lan-
den, bleiben, plustern sich, putzen sich: plump, grau, dreist die
einen, bizarr, mit verwegenen Käppchen die anderen, und sel-
tene, scheue Gäste, die ich nur dieses eine Mal sehen werde,
kurz vor Morgen im ersten, spärlichen Dämmer. Mitunter ver-
treibt ein einziger sie alle, der ist der schönste meist nicht, son-
dern fatal und ruppig. Aber ein andermal harren sie aus, hok-
ken, äugen, drängen einander, bis draußen die große Helle
kommt: wachsend, flammend, abwehrende Lider durchbre-
chend.

Es hat keinen Sinn, sich zu widersetzen. Die Sonne geht auf.
An Land! Wir sind am Ziel! Aus morgen ist heute geworden.

Kuriose Begegnung

Kurios – ja, kurios ist das schon. Ich sitze im Grünen, an einem Wiesenrain, und sehe mich, mich selbst, der ich war, in die Vergangenheit gehen. Dieses Ich nimmt sich aus – nein, nicht wie eines der Fotos, die es von mir gibt und die mir immer so fremd vorkommen, sondern wie das Bild, das ich von mir als etwa Fünfunddreißigjährigem habe (höchst fraglich, ob mich je außer mir jemand so vor Augen hatte). Aber zweifellos: Das war ich, und dieser Aufbruch hat gar nichts Geheimnisvolles. Ein Mann wird einen Wald betreten, dessen Ende man nicht absieht. Das ist alles, nur weiß ich: Er geht nicht, um Pilze zu suchen und dann mit vollem Korb zurückzukehren, sondern er geht unwiderruflich. Ich aber, viel älter als er, sitze, schaue ihm zu und denke leicht amüsiert: So klug warst du einmal! So gut wußtest du Bescheid! Man sieht es dir förmlich an!

Das muß dieses davongehende Ich gespürt haben; denn auf einmal wendet es sich um und fragt: Willst du tauschen?

Eine unrealistische Frage. Ich habe nicht die Wahl. Und doch, das läßt sich beantworten.

Nein, sage ich, tauschen will ich nicht. Ich mag nicht mehr sein wie du.

Ich verstehe, erwidert der Mann, der in den Wald gehen wird. Nicht klug willst du sein, sondern weise.

Weise? Was ist das? Gehört dazu, »abgeklärt« zu sein? Kein Tumult mehr. Kein Wirbel, der Bodensatz aufrührt. Der ist leise abgesunken in eine Tiefe, wo er nichts mehr trüben kann. Ruhige Oberfläche. Still, was darunter ist. Klarheit, Durchsichtigkeit bis auf den Grund. Das End-Gültige, das Unüberholbare ...

Zum Kuckuck, nein! Wenn das zum Weisesein gehört – aber dessen bin ich nicht sicher –, dann sehne ich mich nicht danach, bin auch weit davon entfernt. Ich verzichte; ich will mir's nicht nehmen lassen, Bodensatz aufzuwirbeln und Dummheiten zu begehen. Was aber deine Gescheitheit betrifft – ich kann mir nicht helfen: Du steckst darin wie in einem Anzug, der dir zu weit ist. Du füllst ihn nicht mit dir selber aus. Vielleicht bin ich mittlerweile ein bißchen hineingewachsen. Möglich, daß auch der Anzug ein Stück eingegangen ist. So kommt man sich entgegen ...

Und dein Bescheidwissen? Mach dir nichts vor! Die auf dich schauten, immer Neue, Jahr um Jahr, haben dich in die Rolle des Bescheidwissers gedrängt. Von dir wollten sie erfahren, »was nun richtig ist«, »woran man sich halten kann«, was »am Schluß herauskommt«. Sie wollten dich als Antworter und Auskünfter, als Führer durch einen Dschungel, den sie anfangs für den Stadtpark angesehen hatten. Was blieb dir übrig? Konntest du sie sitzenlassen?

Ich aber möchte noch tun, wozu du schon längst das Zeug hattest. Nicht mehr immerfort antworten, druckreif oder notreif. Sondern Fragen stellen. Fragen, die mit »Wieso eigentlich ...«, »Warum denn ...« oder »Mit welchem Recht nur ...« beginnen. Fragen weit hinter den Antworten. Fragen, die man für dumm hält, weil sie das Selbstverständliche bezweifeln. Sind das die dümmsten? Ich nehme mir das Recht, ins Unreine zu denken. Und wenn man nach meiner Meinung fragt, so bestehe ich, alt genug, darauf, einmal gar keine haben zu müssen und sagen zu dürfen: Ich weiß doch nicht ...

Geh also! Tauschen mag ich nicht. Geh aber in Frieden! Ich bin dir nicht gram. Ich verleugne dich nicht, verspüre nicht das Bedürfnis, nach dir zu schlagen oder zu treten. Geh getrost!

Wenn es stimmt, daß alles Vergangene sich irgendwo sammelt, daß es aufgefangen wird statt zunichte zu werden (und es macht mir wenig Mühe, das zu denken, weil ich weiß, daß es doch auch tief unter unserm Bewußtsein bewahrt wird und nicht verloren ist) – kurz: wenn das so ist, dann auf Wiedersehen!

Treffe ich dereinst ein, wo du schon bist, komme ich an, unweise, wohl gar mit einer klitzekleinen Narrenkappe – oh, ich bin sicher, daß ich dich nicht betrachten werde wie ein sonder-

bares Geziefer: Wie? Du willst ich gewesen sein? – Ich weiß nicht, was ich zu dir sagen werde, vielleicht: Grüß Gott, da sind wir wieder beisammen! Und ich hoffe, auch du wirst mich nicht verleugnen.
Wenn man uns ruft, werden wir beide antworten: Hier bin ich!
Und das mit Einem Munde.

Jeder ist seines Glückes Schmied?

Nur ein paar Notizzettel

Die Alten haben viel über das Glück nachgedacht. Die Alten. Ich bis dato nicht. Warum nicht? Ich hatte anderes zu tun. Und dessen schäme ich mich nicht.

Aber jetzt? Ich bin auch diesmal nicht selbst darauf gekommen. Man hat mich gebeten: Tu es doch! Du hast vielleicht im Augenblick Zeit dazu. – Das war, als ich im Krankenhaus lag.

Gut. Ich mache mich daran, während ich im Schienbein einen lineallangen Nagel habe. »Welches Unglück!« sagen die einen und meinen den gebrochenen Knochen. »Welches Glück!« sagen die anderen und meinen, daß ich einem geschickten Chirurgen in die Hände gefallen bin und folglich schon wieder umhergehe. Und ich denke: Man sollte vielleicht über das Glück nicht reden und nicht schreiben, ohne so etwas wie einen lineallangen Nagel im Schienbein zu haben.

Sollte ich mich nicht lieber um das kümmern, was die Alten über das Glück zu sagen wußten? – Aber sieh: *Ich* muß jetzt wieder gehen lernen – mit meinem Nagel –, und die uralten Erfahrungen der Menschheit im Gehen nützen mir dabei wenig. Ich muß schon selber anfangen, mit *meinen* Erfahrungen. Und ich komme um das Stadium des ungeschickten Tappens nicht herum. Laßt mich nur ungeschickt tappen, aber auf eigenen Füßen!

Was das Nachdenken über das Glück betrifft – auch bei diesem Gang brauche ich einen Boden, den ich betreten und von dem ich mich abfedern kann. Da ist er. Ein Sprichwort: »Jeder ist seines Glückes Schmied.«

Nicht jedes Sprichwort ist reine Weisheit. Daß es heißt: »Pack schlägt sich, Pack verträgt sich« – wie viele fällige Versöhnun-

gen hat das schon verhindert? Wie viele Menschen sind schon auf immer auseinandergekommen dadurch, daß sie nicht das Pack des Sprichwortes sein wollten?
»Jeder ist seines Glückes Schmied?« Ich zweifle, daß das stimmt.

Oh, ich sehe ihn vor dem Amboß stehen, den Glücksschmied, schwitzend, muskelstark, bald gewaltig, bald vorsichtig hämmernd, immer mit Konzentration – und natürlich das Eisen schmiedend, solange es heiß ist. Das Eisen?

»Jeder ist seines Glückes Schmied« ... Kann man's wirklich erschmieden – mit Stärke, Kunst und Konzentration? Und danach ist es fertig?
Ich weiß nicht, wer das *Sprichwort* geschmiedet hat. Aber ich meine deutlich wahrzunehmen, wie er dachte. Und ich sehe Leute vor mir, die sich dieses Sprichwortes gern bedienen: die Siegreichen im großen Run, die gut reden haben, die Selfmademen. (Übrigens: Haben sie das Glück?) Die den anderen einreden möchten, jeder trage den Marschallstab im Tornister. Die dem andern aber nicht aufhelfen wollen; denn die Weisheit spricht: »Jeder ist *seines* Glückes Schmied«, da siehe du zu! Und wenn dir das Schmiedewerk nicht gelingt, nun, dann warst du eben nicht fleißig genug – nicht so fleißig wie ich. Und du hast das Eisen eben kalt werden lassen – ich war gescheiter. – So nehmen sie sich aus. Laßt euch nicht narren!

Oder habe ich sie in falschem Verdacht? Wollen sie nur dem Resignierten zusprechen, der schon nichts mehr anzupacken wagt? Oder dem Faulen, der das Glück als gebratene Taube erwartet?

Was als gebratene Taube kommt, ist meist nicht das Glück. Und doch, mit der Taube hat das Glück manches gemein, vornehmlich die Füße. Will sagen: Es kommt gern auf Taubenfüßen.

Halt! Vielleicht ist die wahre Glücksschmiede nun einmal kein Ein-Mann-Betrieb? Vielleicht steht da kein einsamer Mann, der – ohne rechts und links zu blicken – *sein* Glück schmiedet? Fort mit dem Egoismus und Individualismus der großen Runs! Steht da vorm Amboß nicht – längst schon – eine ganze Gesellschaft, die das gemeinsame Glück schmiedet?

Ich sehe das, was sie tut, lieber in einem anderen Bild: Sie hat – endlich – erkannt, aus welchen Quellen das *Un*glück der Massen entspringt, sich ergießt, steigt, alles überflutet, kaum Inseln läßt für das Glück. Und sie hat sich daran gemacht, diese Quellen zu verstopfen, die Flut zum Sinken zu bringen, dem Unglück Kontinente abzugewinnen. Das heißt dem Glück Chancen geben. Land für das Glück! Land für die Taube, die nicht unablässig kreisen, sondern sich niederlassen will!

Warum ich es lieber so sage? Da muß ich zu formulieren suchen, was ich unter Glück verstehe. Dies: gelungenes Dasein. Richtiger: *Erfahrung* gelungenen Daseins.
Es gibt viele »Dinge« – und ob das Glück nicht dazugehört? –, in denen Gelingen nicht erzwingbar ist. Tapfer durchgestandene Wehen garantieren noch keine glückliche Geburt. Der Künstler, der sein Handwerk versteht, weiß genau: Gelingen oder Mißlingen – man hat es nicht einfach in der Hand. Liter von Schweiß – sie verbürgen noch kein Gelingen. Das Entscheidende »glückt« oder »mißglückt«. Es ist immer Geschenk dabei.

Schmiede du also das Eisen, solange es heiß ist! Das Glück erschmiedest du dabei noch nicht. Denn Glück ist gelungenes Dasein. Glücklichsein heißt: solchen Gelingens innewerden – und zwar so, daß dir dabei aufgeht oder doch jederzeit aufgehen *kann*: Dieses Glück ist und bleibt Geschenk.

Glück *bleibt* Geschenk. Du magst wohl »Glück haben«. Aber das Glück *haben,* wie man einen Besitz hat – das kann niemand.

Du kannst das Glück auch nicht erjagen, und wenn du dein Leben lang hinter ihm herjagtest. Vielleicht ist das sogar die beste Gelegenheit, es zu verpassen. Aber offen sein für das Glück? Bereitsein, es nicht zu übersehen und es nicht zu mißachten? Das hoffentlich.

Noch einmal sehe ich den Mann am Amboß schwitzen: seines Glückes Schmied. Und der Hammer pinkt: »Jeder – seines! Jeder – seines!« Und links und rechts, davor und dahinter ist niemand auf dem Plan? Ein einsames Glück? Es ist nichts damit. Gelungenes Dasein ohne die anderen? Gegen die anderen? Mag das sein, was es kann! Gelungenes Dasein ist es nicht. Es ist Symptom einer Krankheit. Symptom kranken Menschseins.

Gelungenes Dasein ... Aber gelungen nach welchem Entwurf? Nach dem eigenen? Oder nach einem ganz anderen? Seines Glückes innewerden, Glücklichsein – heißt das vielleicht, daß hier, daß jetzt die beiden Entwürfe sich getroffen haben, der eigene und der andere? Oder auch, daß ich mit Staunen entdecke: Der ganz andere Entwurf gewährt mir, was mir allenfalls dunkel vorschwebte oder was ich noch gar nicht im Visier hatte, und er wiegt auf, ja er überbietet, worauf mein Entwurf aus war ...?

Entdecke ich im Glück das Geschenkhafte, so bin ich im Glauben. Und so bin ich hoffentlich auf eine ursprüngliche Weise dankbar. Denn auch wenn's mir zufiel, meine ich doch nicht: Es ist Zufall. Und obwohl alles in mir nach Dauer schreit, wenn ich glücklich bin, meine ich doch nicht: Ich habe Anspruch.

Vor Jahrhunderten sprachen Gläubige und Theologen unbefangener aus als heute, daß die Hoffnung des Glaubens auch Hoffnung auf Glück ist. Scheut man sich heute davor, weil man befürchtet, so werde die Hoffnung des Glaubens banal? Aber wieso banal? Das läge doch nur daran, daß die *Vorstellungen* der Menschen vom Glück oft so banal sind. Daran, daß man sich banale Wunschbilder vom Glück voraus-entwirft. Etwa das Bild endlosen Schlaraffenlebens. (Aber vergeßt mir nicht, aus wieviel Hunger dieses Wunschbild emporsteigt!) Gemeint ist doch das gelungene Dasein. Und weil es jetzt das vollends gelungene nicht gibt, meint die Hoffnung des Glaubens das vom Mißlingen gereinigte und befreite Dasein.

Reich Gottes heißt: endgültig herausgerissen sein aus dem Schatten und der Herrschaft all dessen, was das Dasein mißlingen läßt, aus dem Griff der Mächte, die aus uns kommen und über uns böse Macht gewannen; befreit sein also aus der Herrschaft all dessen, was Glück hindert. Der Glaube sagt: Einmal wird das alles völlig und endgültig vergangen und überwunden sein. Wodurch? Durch Gottes Sieg, der völlig und ausschließlich *Gottes* Sieg ist.

Was also ist Glück *jetzt*, in diesem Leben, in dieser Welt? Was ist das Glück der Liebe, das Glück in der Sonne und zwischen Grashalmen, das Glück der guten Stunde, das Glück angesichts des gelungenen Werkes, das Glück der Musik, jedes hiesige Glück, das wirklich Glück ist? – Dies: Vor-Schein, Vor-Geschmack des Reiches Gottes. Ist der denn nichts? Ist der denn nichtig?

Hans im Glück

Sie wissen nicht, wie Sie mit einem Menschen dran sind ... Bringen Sie ihn dazu, Ihnen das Märchen vom Hans im Glück zu erzählen! Und geben Sie acht, was daraus wird!
Vielleicht die Geschichte eines Tölpels, der seine Chance vergibt. Wie steht er schließlich da? Als Muster eines geprellten Dummkopfs, der mit leeren Taschen dort wieder ankommt, von wo er einmal aufbrach. Eine Schande der Familie. Ein Lebensuntüchtiger, den man nur seiner eigenen Unfähigkeit überlassen kann. Ein Gelächter für die Schlaueren, die mit ihm umsprangen, wie er es verdient hat. Ein Beispiel dafür, wie man's auf keinen Fall machen darf.
Oder bekommen Sie etwas anderes zu hören: etwas von einem Menschen, der ein Ziel hat, das alles aufwiegt? Was sollen ihm auf dem Weg die Hudeleien mit all dem, was verlockt und hinterdrein seine Tücken zeigt. Freudig läßt er sich's abtauschen, genarrt und doch lernend von Mal zu Mal auf die kurioseste Weise. Und als ihm schließlich die Steine in den Brunnen fallen, erhebt er sich erleichtert. Er springt vor Freuden auf, heißt es bei den Gebrüdern Grimm. Er kniet nieder und dankt Gott mit Tränen in den Augen, daß er ihm auch diese Gnade noch erwiesen und ihn von den Steinen befreit habe, die ihm allein noch hinderlich gewesen seien. (Was ist hier Ironie und was nicht? Vielleicht wissen Sie es genauer als ich.) »Mit leichtem Herzen und frei von aller Last« langt er schließlich dort an, wo er hinwollte: bei seiner Mutter. Angekommensein, zwar mit leeren Händen, aber bei den offenen Armen – was gilt ihm mehr? Das ist das Glück.
Hören Sie auf die Untertöne Ihres Erzählers! Ich sage Ihnen: Es kommt ans Licht. Etwas von dem, was ihm wichtig ist. Wonach er sich sehnt – mag sein: ganz im verborgenen. Wie er sich Glück vorstellt. Welche Richtung er gern mit seinem Leben einschlüge. Oder doch am liebsten eingeschlagen hätte.

Es kommt heraus. Nicht rein. Nicht ohne Zwiespalt, wie es denn auch bei den Grimms zwiespältig bleibt. Kein Wunder, denn im Erzählen findet ein Kampf statt: zwischen Überliefertem und Überlieferer. Und zwischen zwei Seelen, ach, in der Brust.

Wessen? Nur des Erzählers?

Sülze und Rührkuchen

Das kennen Sie doch: Ein Tag, den man aus dem Kalender streichen möchte. Das Wetter ohnehin, es ist keins. Aber vor allem das Grau in einem selber: kein bißchen Farbe! Die Arbeit: Hat es überhaupt Sinn, was man da tut? Hat man seinen Beruf verfehlt? Vergebliches Leben, so als kosmischer Staub. Der Himmel ist zu, vielleicht überhaupt leer. Die Welt: ein Puzzle, in dem nur das Schlimme zusammenpaßt. Man ist versucht, ins Bett zu kriechen, sich die Decke über den Kopf zu ziehen, aber selbst das würde nichts helfen.
So ist mir heute zumute. Mich hat es. Und derart down stehe ich neben Tonis Frau am Fenster des Speisesaales. Wir sehen Toni im Hof werkeln. Eben hat er mit dem Kombi Brot geholt, Laib über Laib ins Haus getragen und Brötchen, einen ganzen Sack voll. Einkäufe gehören zu seinen Aufgaben. Er kommt überall hin. Er kennt die Leute, und die Leute kennen ihn. Er schwatzt mit ihnen und erfährt eine Menge. Er legt ihnen betulich die Hand auf die Schulter – den Frauen vor allem, und von ihm lassen sie sich's gefallen. Und natürlich weiß er, wer Elektrogeräte repariert, wer mal nach dem Auto schaut, wenn es hustet, wer Sägen und Beile schärft, wer Antennen baut, wo er Kacheln bekommt und von wem Setzlinge. Wie wir ihn über den Hof zur Tischlerwerkstatt schaukeln sehen, breites Kreuz, die Arme leicht schlenkernd, erinnert er mich ein bißchen an einen bekleideten Bären, der auf den Hintertatzen geht. Das Gesicht aber ist freundlich. Mit Kinderaugen. Die Haare sind rar geworden, man merkt es, wenn er am Hütchen rückt. Bei ihm sitzt der Charme weder in der Figur noch in der Grazie der Bewegungen. Sein Charme sitzt im Herzen. Das ist »golden«, wie man zu sagen pflegt.
Und im übrigen ist Toni ein frommer Mann: von jener wasserdichten Frömmigkeit, an der alles abperlt, was sie komplizieren könnte. Bei mir ist das verwickelter. Ich bin anders.

Ob er Tage kennt, wie ich heute einen habe? Himmel, auch er kann doch nicht immerzu o. k. sein und nicht Woche für Woche, Monat für Monat rund um die Uhr kindergläubig! *So* hat man das doch nicht! Auch er nicht. Oder?

Ich frage seine Frau: Gibt es das bei Toni auch, daß er mit Gott und der Welt und mit sich selber zerfallen ist?

»Manchmal schon«, sagt sie und starrt zum Fenster hinaus.

»Und was hilft ihm da?«

Sie antwortet nicht gleich, zuckt mit den Schultern, überlegt, sagt dann mit ihrer leisen, rauhen Stimme fast verträumt: »Sülze und Rührkuchen.«

Verhört kann ich mich nicht haben. Ich schaudere; denn zum einen macht meine Einbildungskraft aus Sülze *und* Rührkuchen auf der Stelle Sülze *mit* Rührkuchen, und zum anderen vermag mich *weder* Sülze *noch* Rührkuchen jetzt zu begeistern.

Dann fällt mir auf, was Tonis Frau *nicht* gesagt hat. Sie hat weder Beten noch Bibel gesagt. Sie packt die Sache beim Magen, und das vielleicht doch nicht nur, weil sie in unserer Küche arbeitet.

»Was gibt's heute mittag?« frage ich.

»Gulasch mit Klößen«, sagt sie. »Und Apfelmus.«

Ich seufze. »Ob das hilft?«

»Probier's!« antwortet sie, und wir sehen Toni in der Werkstatt verschwinden.

Hans und Grete – vierhändig

Andante epico

Hans und Grete haben längst die Silberhochzeit hinter sich. Sie sind noch immer ineinander verliebt, gehen zärtlich miteinander um, bei Tag und bei Nacht, und sorgen dafür, daß dem andern nichts fehlt.

Hans und Grete haben ein Klavier: älter als sie beide, aber noch leidlich im Stande. Grete hat es mit in die Ehe gebracht. Manchmal trauert es wochenlang vor sich hin, mißbraucht als Ablage für Bücher und Zeitschriften und als Ort für Blumensträuße. Aber von Zeit zu Zeit kommt seine Stunde, meist abends. Dann setzen sich Hans und Grete davor, sie tun etwas ganz Altmodisches, fast Anrüchiges: sie legen ein Händelkonzert, eine Haydnsinfonie, ein Beethovenquartett auf den Notenständer, nicht original, sondern bearbeitet für Klavier zu vier Händen.

Es gibt perfekte Schallplatten. Aber Hans und Grete erinnern sich: Nicht durch die Platte haben sie das kennengelernt, damals, als sie jung waren, sondern dadurch, daß sie Noten vor sich sahen und miteinander versuchten, die in Töne umzusetzen. Wer die Nase rümpft, soll nicht zuhören. Hans und Grete sind nicht auf Zuhörer aus, zumal sie keine Zeit haben, vorher zu üben. Sie spielen nur so vom Blatt, »aus Spaß an der Freude«. Sie rücken ihre Stühle zurecht, sehen nach Takt, Vorzeichen und Tempobezeichnung.

Hans – manchmal auch Grete – zählt einen Takt vor, und das Abenteuer beginnt. Nicht unbesonnen, bei schnellen Sätzen lieber etwas langsamer. Nur nicht gleich dahinstürmen wie die jungen Pferde und dann unterwegs zusammenbrechen! Und siehe da – gar nicht übel. Ein paar Mißtöne dazwischen, ein paar Noten ausgelassen. Macht nichts! Ein Verstolpern. Also Treffpunkt beim Buchstaben C! Mit Auftakt! Und weiter geht's.

Der Teufel jedoch ist nicht für Klassik. Und nicht für abendliche Seelenruhe bei Hans und Grete. Vielleicht sitzt er im Nelkenstrauß, dicht über ihren Köpfen, und grübelt, was zu tun ist. Es fällt ihm schon was ein.

Allegro drammatico

Das Allegro läuft phantastisch, schon eine Weile. Es ist eine Lust. Aber jetzt bricht es hörbar zusammen. Katzenmusik. Hans und Grete sind auseinander. Auf Hans' Stirn runzelt sich Unmut. Grete unterbricht. Auch Hans bleibt nichts anderes übrig.

»Nochmal bei D!« ruft er. »Paß doch auf!«

»Iiich?« sagt Grete. »Ich war in Ordnung. *Du* hast dich verzählt.«

»Spiel schon!« drängt Hans. »Los bei D!«

»So nicht!« kontert Grete gekränkt und legt die Hände in den Schoß.

Hans ist beim Allegro. Schade drum! »Spiel doch!«

»Ich denke nicht dran!« murrt Grete. »Nicht ehe klargestellt ist, wer sich verzählt hat. Ich weiß es. Und im übrigen lasse ich mich nicht anschreien.«

Hans zappelt. »Ich schreie nicht. Ich will, daß wir spielen. Los doch!«

Grete schüttelt beleidigt den Kopf.

Hans schlägt die Fäuste gegeneinander, trampelt. »Willst du nun spielen?«

»Nein.«

»Aber ich!«

»Nicht ehe –«

»Himmeldonn-«

»Laß das Fluchen!«

»Ach was! Warum verdirbst du alles!«

»Iiich? Du doch!«

Hans stöhnt, rauft sich die Haare. »Was ist nun? Willst du rechten oder spielen?«

»So kann man nicht spielen!« Grete wendet sich vom Klavier. Das Allegro ist zum Teufel. Der ganze Haydn ist zum Teufel.

Hans schlägt die Noten zu. Den Klavierdeckel. Der Abend ist gelaufen.
Grete geht stumm zu Bett – in ihr eigenes, gegen ihre Gewohnheit. Hans sitzt brütend noch eine Weile herum, tut dies, tut das, nichts Richtiges, verzieht sich schließlich ebenfalls ins Bett, in sein eigenes, löscht das Licht.
Stille. Böse Stille. Eine üble Nacht.
Auch der Teufel kann schlafengehen. Befriedigt.

Finale riflessivo
Eine traurige Geschichte. Wie? Eine lachhafte? Was ich darüber denke?
Punkt eins: Der Teufel. Er gehört gar nicht hinein. Hans und Grete haben das angerichtet. Sonst keiner.
Punkt zwei: Hans. Da liegt er und wundert sich. Wie konnte er so auflaufen? Er tastet sozusagen nach der Beule, die er sich zugezogen hat, und versteht die Welt nicht mehr. Gut, Grete hat sich verzählt. Hat sie? Was kommt denn darauf an? Hat er auf seine eigene Unfehlbarkeit gepocht? Sich selbst verteidigt? Er hatte nur das Beste im Sinn. Er wollte sich nicht aufhalten bei dem, was nun einmal verdorben war, wollte nur vorwärts, war ganz bei der Sache, beim Allegro, hoffte auf Gelingen, für den Rest wenigstens und für beide. Warum begreift Grete das nicht? Warum hält sie alles an – Stop, Endstation? Sie? Wer hat »Paß doch auf!« geknurrt und damit die Verteidigung auf den Plan gerufen, eine ganz unnötige, lästige? Wer hat gezappelt, getrampelt, die Fäuste geballt?
Und als Hans jetzt nach seiner Beule fühlt – wie denn? da ist keine. Statt dessen ein Stück weiter hinten – puh! der Ansatz zu greulich langen Ohren.
Punkt drei: Grete. Nein, Grete ist sich keines Fehlers bewußt. Diesmal nicht. Aber Hans hat sie angeraunzt. Hans war nicht gut zu ihr. Hans hat ihr Unrecht getan. Jetzt muß sie ihr Recht verteidigen (meint sie). Brust 'raus, die Fahne gehißt! Und nun sitzt Grete in ihrer Festung, über der das Banner gekränkter Würde flattert. Frierend hockt sie am rührend kleinen Feuer ihres Selbstbewußtseins. Immer weniger Glut, immer mehr

Asche. Ach, die Festung ist so groß, und Grete ist so einsam. Sie starrt in die Finsternis und kann nicht einschlafen, unglücklich, wie sie ist, tief unglücklich.
Was tun?
Ja, Hans, schieb deinen Fuß hinüber!
Nein, nicht »Au!« schreien! Nicht zurückzucken! Sie wollte dich nicht vors Schienbein treten. Sie hat dir nur ihren eigenen Fuß entgegengestreckt, schon längst.
Ist ja gut! Ist ja gut! Nun habt ihr euch. Nun umschlingt ihr euch, wärmt euch gegenseitig. Und Gretes Mund ist feucht vor Sehnsucht.
Gott sei Dank! Die Nacht ist gerettet. Die Nacht ist schön. Und der Morgen darf kommen.

Zwischen Hammer und Nagel

Die Tochter kam – nicht gleich nach dem ersten ehelichen Gewitter, aber nach der ersten Serie ihrer Ehekräche – zu ihrer Mutter gelaufen: Es gehe denn doch nicht zwischen beiden, das sei alles ganz anders als »zwischen dir und Papa«, und folglich beweise man besser Vernunft und gehe auseinander, solange man noch ein gut Stück Leben vor sich habe.
»Beruhige dich!« sagte die Mutter. »Was weißt du über Papa und mich, wie oft es knistert und knirscht, wie schwer es war und manchmal zum Davonlaufen.«
»Ach«, erwiderte die Tochter und machte große Augen, »dann wart ihr also bloß zu faul, euch zu trennen?«

Irgendwann kam die Story von der Peripherie unseres Bekanntenkreises bis zu uns und brachte uns zum Lachen. Aber hinter dem Lachen war noch etwas:
Wie ist das, mein Liebes,
hat es bei uns geknirscht?

Oft.

Haben wir uns gestritten?

Unzählige Male.

Unzählige?

Ungezählte.

Worum nur?

Hab's vergessen. Es war ...

... lauter nichtiges Zeug.

So steht das mit uns.

Du voller Ungeduld ...

... und du ein Schulmeister.

So leben wir miteinander.

Haben wir's getragen?

Immer.

Was haben wir verdorben?

Wer weiß! Was hätte aus uns werden können ...

... hätt ich nicht tausend Rücksichten genommen ...

... wär ich hinter *mir* hergezogen statt hinter dir.

Was ist aus uns geworden?

Wir, mein Lieber.

Ist das vorzeigenswert?

Was kümmert's uns! Streichle nur weiter so meinen Rücken!

Magst du's?

Sehr.

Was könnten wir ihr antworten, dieser forschen Tochter?
Sagen wir:
Respekt, Madame! Sie haben einen couragierten Schlag, den Nagel auf den Kopf zu hauen. Aber Sie treffen ihn nicht. Wie könnten Sie wissen, was dazwischen ist, zwischen ihm und dem flotten Hammer Ihrer Generation! Mehr als der Daumen.
Unser beider
knisterndes
und knirschendes
armes
und reiches
von Uhren gegängeltes
und fröhlich verschenktes
schmerzgebeuteltes
und angstgeplagtes
hundertfach gefährdetes
und zum Kopfschütteln unbekümmertes
verstricktes
und verwobenes
unbereutes
grundverliebtes Leben.

Plädoyer für Gottes Mütterlichkeit

Man behauptet, es sei aussichtslos, ja unsinnig, Gott heute als Vater in diese Welt hineinzusagen. Wer ist Vater? Vater hat nie Zeit. Vater hat alles falsch gemacht wie die Väter überhaupt. Oder: Vater hat Mutter verlassen. Vater ist der Böse. Oder: Vater – ich habe keinen, Vater gibt es gar nicht. Gott – Vater? Was soll's? Es ist aussichtslos und verkehrt, nicht einmal der Welt, sondern der Väter wegen.

Und doch: Ich glaube es nicht. Noch immer nicht. Grund? Eine Erfahrung. Mein Vater war ein stiller, guter Mann. Kein Patriarch. Er wußte nicht, wie er mir seine Liebe zeigen sollte. Er scheute Zärtlichkeit. Er hatte kein pädagogisches Geschick. Nie hat er mit mir auf dem Teppich gespielt. Aber ich habe keinen Grund, ihn zu schelten. Allerdings: Was in mir Vater heißt, ist nicht von seinem Bild ausgefüllt. Auch nicht vom Protest gegen ihn. Es ist größer. Und ich denke: Auch die Enttäuschten wissen, was Vater sein *könnte*.

Dennoch, auch ich bringe »Gott« und »Vater« nicht problemlos zusammen. Nur hat das andere Ursachen. Die wichtigste: Jesus selbst.

Unmöglich! Gerade er, der uns anstiftet, zu Gott Vater zu sagen. *So* Vater zu sagen. Unser Vater ... Vater unser ...

Ja. Er. Zwar lebte er, der Mann Jesus, in einer männlich regierten, vatergeprägten Welt voller patriarchalischer Vorstellungen. Er hatte teil daran. Aber der Gott, für den er steht, der Gott, den er mit Menschen lebte, der trägt für mich nicht nur väterliche, sondern auch mütterliche Züge. Und ich bin froh, daß es so ist.

Jesus ruft Ur-Vertrauen auf, weckt es. Das ist bei mir – wohl ein für allemal – mit »Mutter« verbunden. (Übrigens: Auch was in mir Mutter heißt, deckt sich nicht mit meiner Mutter.) Ein Vater, der die Haare auf meinem Kopf zählt – dagegen wehrt sich etwas. Nicht gegen Mutter. Tut sie es, so lege ich noch meinen Kopf in ihren Schoß. In jedem Alter. In jedem Stadium des Erwachsenseins. Ihr lasse ich mich. Und heißt »glauben« nicht »sich lassen«?

Der Gott Jesu – er ist nicht darauf aus, Strichlisten über Sünder zu führen, über sie buchzuhalten. Er holt sie aus der Fremde, aus dem »Elend«. Er löst die Verstrickten aus ihren Stricken. Er wischt ihnen den Schmutz ab. Sagt er: Kehr um! so klingt das nicht wie: Kehr um, oder –! Sondern dann lockt er: Dreh dich doch um! Hier bin ich ja! Willkommen daheim! – und das, scheint mir, ist Mutters Weise.

Die Parabel vom Verlorenen Sohn: Die Besitzverhältnisse, zweifellos, sind patriarchalisch. So also kann sie nur unter Männern spielen. Und doch: Wer seinen Jungen in die Arme schließt, ehe der auch nur sein Sprüchlein zu Ende sagen kann – Wer dem anderen, dem Verstockten, so liebevoll zuredet – Wer zu ihm sagt: Sieh doch, dein Bruder –! und nicht endlich schreit: Dann scher dich zum Teufel! – Wer so wartet und die Tür noch für diesen Verstockten offenhält –: Ich sehe da Mutter, Mutter in Vaters Gewand.

Da wird erzählt: Eine kranke Frau mit unstillbaren Blutungen bricht zu Jesus durch, sucht hier Hilfe. Und er bedeutet ihr: Schon recht, Tochter, daß du kommst, daß du nach mir greifst. Schon recht, daß du Gesetz und Tabu über den Haufen rennst. Laß gut sein! Mich verunreinigst du nicht. Kommen war das Wichtigste. Niemand soll dir ein Haar krümmen. – Ist nicht auch das Mutters Art? Die Indizien lassen sich mehren ...

Bedenke ich, was ihm den Tod einbrachte, so will es mir auch dann nicht aus dem Kopf: das Bild einer Mutter. Für ihre – zugegeben: schrecklichen – Kinder steht sie noch ein, wo es tödlich wird. Sie verleugnet sie nicht. Sie gibt sie nicht preis. Sie hält fest, auch wenn sie daran stirbt.

Von früh an hat man Bilder aufgerichtet, um den Sinn dieses Todes zu verdeutlichen: sehr männliche Bilder von priesterlichen Praktiken und rituellen Opfern, von Herrscherehre und Herrschergnade. Ich habe sie gelernt. Aber so selbstverständlich sind sie mir nicht mehr, waren mir's wohl nie. Sie verblassen mir vor jener Mutter.

Das Bild des thronenden Gottes – mir ist es nicht das eindrucksvollste. Ich verstehe es. Ich weiß zu würdigen, was es sagen will. Aber gerade das – sagt es mir das zur Genüge? Ich muß – eben nun doch – daran denken, wie oft Throne gestürzt werden. Und sind Könige uns nicht zu Fossilien geworden oder zu Karikaturen? Wer aber könnte eine Mutter stürzen? Sie bleibt, was sie ist. Auch wenn die Könige längst am Ende sind. In der Welt. Und in uns. Die Apokalypse des Johannes freilich stellt wie kein anderes biblisches Buch den unwandelbar Thronenden vor Augen. Aus gutem Grund. Aber zum Glück kennt sie auch den, der »abwischen wird alle Tränen«. Der einen also in den Arm nimmt und tut, was Mutter tut. Der tröstet, wie eine Mutter tröstet.

Tragen nicht Bilder Jesu – durch die Zeiten hindurch – neben männlichen auch weibliche Züge? Es ist gut so. Sie wahren, was nicht unterschlagen werden darf: Jesus als Zeugen für Gottes Mütterlichkeit. Mehr: sie in Aktion.

Ist sie bei uns je angemessen zum Zuge gekommen? Nicht in unserm Glauben. Nicht in unserm Denken. Nicht in unserm Zusammenleben. Nicht in unserer Spiritualität. Aber daran kranken wir. Es ist wichtig, daß sie nicht niedergehalten wird. Daß sie geschieht. Mitten unter uns.

Gott mit dem Gesicht Jesu: der Grund des Seins, der weder Mann ist noch Frau, aber beides umfaßt – uns zugewandt, uns freund. Väterlich. Und mütterlich.

Die andere Hälfte

Jahrzehntelang habe ich es nicht bemerkt und gehe doch täglich mit der Bibel um. Erste Wellen des Feminismus – und ihr Gischt – mußten mich erreichen, damit es mir auffiel. Ein Beispiel dafür, daß unsere Erkenntnis geschichtlich ist: Die »Stunde« rückt das eine ins Licht, anderes verbirgt und entzieht sich.
Nun gut, ich bin ein Mann. Aber warum fällt es selbst denen so selten auf, die es am meisten angeht: daß in der Bibel nur die Hälfte des Gottesvolkes zu Worte kommt? Die Stimme der Frauen fehlt so gut wie völlig.
Ohne Zweifel, sie kommen vor, viele sogar, sagenhafte und andere. Sara, die Unfruchtbare, die schließlich doch den Sohn der Verheißung zur Welt bringt. Rebekka, die ihren Liebling zur List anstiftet. Rahel, die geliebte, und Lea in ihrem Schatten: die Mütter der Stämme. Die kinderlose Hanna, die endlich Samuel empfängt. Ruth, die Moabitin unter den Ahnen Davids. Die schöne Esther: märchenhaft aufsteigend zur Königin und ihr Volk vor Anschlägen rettend. Elisabeth, die Mutter des Täufers. Jesu Mutter Maria. Die galiläischen Begleiterinnen des Mannes aus Nazareth. Die Schwester Phoebe aus Kenchreae, die vielleicht den Römerbrief des Paulus expedierte. Die Frauen in Korinth, die sich weigern, den Schleier zu tragen. Die lydische Purpurhändlerin aus Philippi ...
Wer Lust hat, zähle sie komplett her! Beweisen wird er damit nichts. Denn sie alle treten in einer Männererzählung auf, in einem Männertext. Männer legen ihnen die Worte in den Mund. Wir sehen sie nur in Männerspiegeln. Die korinthischen Frauen zeigen sich nicht selber. Ob sie sich im Spiegel des Paulus wiedererkannt haben – des Paulus, den zu einem Popanz der Frauenmißachtung zu machen ich übrigens für albern und ungerecht halte?
Was in der Bibel versammelt ist, bleibt männersprachliches

Gottes- und Glaubenszeugnis. Das Magnifikat, ein paar Stücke aus dem Hohen Lied – vorausgesetzt, es handelt sich wirklich um Frauentexte –: was vermögen sie schon rein quantitativ dagegen! Und ich kann mir nicht helfen – ich erlebe das von einer bestimmten Zeit meines Lebens an als Mangel. Die andere Hälfte des Gottesvolkes ist im Zuge einer »von Männern gemachten« Geschichte, die weit älter als die Bibel ist, aber auch unter der Wucht dieses Zeugnisses noch nie wirklich aus dem Schatten der Männervorstellungen, ihres Vokabulars, ihrer Deutemodelle und Bilder herausgetreten.

Ich blicke neugierig in die Zukunft. Wie wird Gott durch Frauen zur Sprache kommen, wenn ihre Rede nicht mehr von uns Männern standardisiert und formiert ist? Vermutlich nicht mehr so selbstverständlich in Bildern männlich vorgestellter Macht: als oberster Gerichts- und Kriegsherr, als Herrscher im Thronsaal. Vielleicht als – – Aber halt! Wer weiß es denn schon? Vielleicht wird alles ganz anders sein, als ich mir's jetzt einbilde. Es muß sich erweisen. Es ist noch nicht erschienen. Nicht daß es das Zeugnis der Bibel ersetzen sollte! Unfug! Aber hinzutreten sollte es, einen noch nicht absehbaren Spielraum des Lebens und der Sprache ausmessend, Widerspiel zum Zeugnis der Männer in spannungsvoller Einheit.

Zwar wird weiterhin von Gott gesprochen werden, als sei er »Mann« – im Wissen, daß er nicht »Mann« *ist.* Das ist mit dem »Abba« Jesu, mit der Vateranrede vorgegeben, und ich bin überzeugt: Kein Experiment wird sich demgegenüber durchsetzen. Aber es macht doch einen Unterschied, ob Frauen in ihrer Sprache von ihm und mit ihm sprechen – es sei denn: *wie* mit einem Manne, oder ob wir es *als* Männer tun und ob Frauen meinen, es in unserer Sprache nachtun zu müssen.

Wie also wird es sein, wenn sie zu eigener Sprache des Glaubens gefunden haben? Nun, ich bin möglicherweise zu kleingläubig und phantasielos im Hinblick auf das, was nun endlich der andere Teil der Menschheit vollbringen wird. Aber immerhin, ich stelle mir vor, da werde es blutwärmer, leib-hafter, sorglicher, behutsamer und, ja, zärtlicher zugehen, als wir gewohnt sind und bisher ahnen. Ich hoffe, mich nicht zu sehr zu

irren, und wünschte, noch genügend davon zu erleben. Das ist nicht nur Neugier. Es ist mehr. Es ist eine tiefe Sehnsucht, die wächst, wenn ich die Tagesnachrichten höre oder all die Meldungen, in denen es allenfalls den Ruhm der Frauen ausmacht, sich als »beste Männer« erwiesen zu haben.
Ich sage mir: Laß erst die Zeit der schweren Brecher und des Gischtes vorüber sein! Laß die schrillen Schreie und die Heiserkeit aus der Zeit der Auseinandersetzung mit der Männerherrschaft abgeklungen sein! Dann, ja dann ... Oder bin ich ein Narr?
Jedenfalls würde es helfen, Gott in unseren Köpfen und Herzen nicht länger einen Männer- und Mannsgott sein zu lassen. Menschen würden anfangen, vor Gott anders zu leben, würden beginnen, anders umzugehen etwa mit Macht und Wissen. Das würde vielen zugute kommen, nicht nur denen, die sich zu Gottes Volk zählen. Und nicht nur den Frauen.

Was wollen die bloß?

»Was woll'n die bloß alle?« Der alte Nowak murrt. »Soll'n sie doch bleiben, wo der Pfeffer wächst! Das ganze Jahr über kommen sie nicht. Und am Heiligabend dieses Gerenne!«
Der alte Nowak vom Kirchenvorstand ist ein Weihnachtsmuffel und Weihnachtspurist. Er möchte das Fest pur haben – »schlicht biblisch, wissen Sie« –, ohne das, was bei uns üblich ist, sonst am liebsten gar nicht. Schon der Wald von Lichterbäumen mit ihren aberhundert Kerzen, elektrischen und »lebendigen«, rechts und links des Altars geht ihm gegen den Strich, und neuerdings macht er ökologische Rechnungen gegen Massenmorde an Nadelbäumen auf. Zu dem großen Stern aus Glühbirnen in der Kuppel sagt er »Zirkus«. Weihnachtslieder können ihm gar nicht archaisch genug sein. Bei Stille Nacht kriegt er Krämpfe, und Zu Bethlehem geboren, obwohl alt genug, ist ihm viel zu weich und zu süß.
Die Kirche – Dorfkirche kann man zu diesem Riesending nicht gut sagen – ist in dieser Vorabendstunde wieder bis auf den letzten Platz gefüllt. Sie quillt über. Und das heute schon zum zweitenmal. Denn vorausgegangen ist die erste Vesper mit dem Krippenspiel; sie stand im Zeichen der Kinder, da ging es lauter zu. Auch jetzt haben sie Kinder mitgebracht. Aber Geraune hin, Gehüstel her, einzelne Kleinkinderstimmen, Suche nach Plätzen doch noch irgendwo (die Chorsänger haben ihre Sitze längst preisgegeben): es ist eine merkwürdige Stille um diese Stunde.
Was wollen die nur alle? – Je nun, lieber Nowak, ich mache mir auch Gedanken. Man könnte ja fragen. Stellen Sie sich doch in den Vorraum – am schicksten wirkt das immer mit einem Mikrophon in der Hand –, fragen Sie alle: Leute, warum kommt ihr? Was erwartet ihr hier? Was zieht euch her? Aber ich zweifle, daß dabei etwas herauskommt – außer daß sie es selber nicht richtig sagen können.

Die Tradition allein ist es nicht. Die steht bei uns hier nicht hoch im Kurs und erklärt auch nicht, warum der Zustrom in den Jahren zugenommen hat, statt allmählich nachzulassen. Die Predigt ist es auch nicht. Die Frommen freuen sich, wenn sie »was taugt«. (Wenigstens hat er die Gelegenheit nicht verpaßt!) Die anderen nehmen sie gutwillig in Kauf. (Gehört ja dazu!) Die Weihnachtsgeschichte nach Lukas? Ehrlich gesagt, lieber Nowak, ich vermute, die meisten hören sie, wie sie Dornröschen hören oder Hänsel und Gretel; machen wir uns keine Illusionen!

Aber die Lichter. Aber die Lieder. Die Lieder *wollen* sie. Wenn sie die hören, sind sie daheim. Bei Mutter. Auch wenn Mutter längst tot ist. Und wenn sie mitsingen, merken sie, daß sie doch nicht ganz daheim sind; denn nach der ersten Strophe müssen sie ins Buch gucken. Aber die Lieder wollen sie. Und seien Sie nicht so pingelig, Nowak! Stille Nacht – ob's uns gefällt oder nicht – gehört für sie einfach dazu, auch heute.

Und die Lichter. Das mit den Lichtern ist mir das Seltsamste. Da sitzen sie, Männer und Frauen – und natürlich die mitgebrachten Kinder –, sitzen und starren hinein, die ganze Zeit über, in die Lichter vor diesem großen Dunkel, das mir in jedem Jahr tiefer vorkommt, denen vielleicht auch. Mir steigt etwas in die Kehle, wenn ich sehe, wie sie in die Lichter starren. Ich sage Ihnen: Die suchen das Licht hinter den Lichtern, sie wissen's bloß nicht. Vor allem: Sie wissen's nicht zu sagen. Sie müssen's ja auch nicht. Die müssen jetzt gar nichts.

Und dann ist da noch der Duft. Spüren Sie den? Dieser eigentümliche Duft, der von den Kerzen kommt und von den Bäumen und in dem noch was ist, das meine Nase nicht herauskennt. Dieser Duft, der sich bis in die Häuser fortsetzt, aber da vermischt er sich schon mit anderem. Sie wittern ihn – und ich sage Ihnen: Sie wittern darin einen Duft hinter dem Duft, von – ja, woher denn? Vielleicht aus dem Paradies.

Ach, Nowak, lächeln Sie mich nicht so spöttisch an! Helfen Sie mir lieber! Ich suche da einen Ausdruck, der steht in der Bibel, ich weiß es bestimmt ... Halt! Ich hab's: »nicht mit Händen gemacht«.

Nun schütteln Sie den Kopf, sagen: Die sollen nicht starren und nicht schnuppern. Die sollen, wenn sie schon mal hier sind, in den Säckel greifen und was rausrücken, damit einer weniger verhungert in der Welt.
Tun sie ja, Nowak, tun sie ja. Und nachher wird es vor der Krippe liegen. Wie in jedem Jahr. Aber ich sage Ihnen: Die sind nicht deshalb gekommen. Eigentlich wollen sie etwas anderes.

Alter Knurrhahn

Schön, daß Sie bei uns mitsingen wollen. Werden sehen, ob Sie durchhalten. Gute Vorsätze ..., Sie wissen. Ich bin seit mehr als zwanzig Jahren dabei, hier im Baß, also ein alter Knurrhahn. Keine Neuerwerbung wie Sie. Jetzt sind Sie ein neuer Besen, der gut kehrt. Bloß – uns alte Besen braucht der Kantor auch. Unsere Stimmen sind mäßig, zugegeben. Im Sopran gibt es ein paar singende Sägen. Aber auf uns kann er zählen. Bei Wind und Wetter. Jede Woche. Und bei der Jugend ist immer Fluktuation, wie er das nennt.
Und Sie? Na, werden sehen. Natürlich sind Sie von vornherein falsch geboren. Weil Sie kein Tenor sind. Wären Sie einer, er würde im Geist eine Girlande um Ihren Stuhl winden. Tenöre sind rar. Sie haben verpaßt, einer zu sein. Oder kann man Sie in einen Nottenor umdressieren? Mich nicht, bin eben ein alter Knurrhahn.
Aha, endlich hat der Sopran begriffen. Jetzt sind wir dran.

Haben Sie's bemerkt? Ein richtiger Kantor weiß immer im voraus, welche Stellen nicht klappen, einfach auf Anhieb nicht klappen *dürfen.* Weiß es, selbst wenn's nicht stimmt. Wir »schwammen« an einer ganz anderen Stelle. Hätten wir's ihm nicht gesagt, er hätte es glatt überhört. Gäbe aber eine Pleite bei der Aufführung.
Klingt übrigens gut, wie Sie singen. Da kann ich nicht mithalten.
Wie finden Sie unsere Altistinnen? Nein, nicht die Oberweite, sondern wie sicher die sind. Die bringt keiner aus der Fassung. Ziemlich entsagungsvoll, Alt zu singen. Wie die Bratsche im Orchester. Na bravo, hören Sie doch!

Jetzt hat er's wieder mit dem Klavier. Will uns stützen, bis wir's können. Werden's nie können, wenn er fortwährend stützt.

Da haben wir's! Behauptet, er höre uns nicht. Kein Wunder, wenn er dazu die Tasten drischt. Wer kann schon gegen dieses Gedröhn anstinken! Raus mit dem Klavier! Ich würde noch den Transport bezahlen. Aber dann singt er mit und hört uns wieder nicht.
Sehe schon, was Sie denken: Ewiger Nörgler, dieser alte Knurrhahn! Weiß ja!

Ob wir öfter so anspruchsvolle Werke aufführen? Nur hin und wieder. Von Zeit zu Zeit kriegt er den Höhenflug.
Ob wir's gern tun? Die Meinungen sind geteilt. Mein bester Freund, der sonst drüben im Tenor sitzt, streikt bei solchen Gelegenheiten, bleibt zu Hause, demonstriert auf seine Weise, sagt, ein simpler Dorfchor wie wir soll bei seinem Leisten bleiben, im Gottesdienst singen, und das ordentlich. Ich bin nicht so konsequent. Da macht mir ein kräftiger Händel mit Streichern, Trompeten und Oboen viel zuviel Spaß. Wie den meisten.
Wo die Trompeten denn sind? Die Streicher? Die Solisten? – Das Collegium musicum rückt erst kurz vor der Stunde der Wahrheit an. Beim letztenmal wußte er achtundvierzig Stunden vor der Aufführung noch nicht, ob er überhaupt Trompeter kriegt. Das ist ein Abenteurer, sage ich Ihnen. Aber seine Beziehungen sind bestens. Und immer hat er Glück gehabt, bisher. Das muß ihm der Neid lassen.
Und es gibt Grenzen, die respektiert er. Weihnachtsoratorium? Nein. Nicht auch noch bei uns.
Achtung, jetzt wieder wir, Kumpel. Olé!

Collegium und Solisten pfeift er natürlich nicht an, wenn einer patzt. Nur den Chor. Unsere Damen nehmen's ihm manchmal übel. Aber jemand muß ja Blitzableiter sein. Ein alter Knurrhahn wie ich hat einen breiten Rücken. Wir lassen uns nicht aus der Ruhe bringen.
Auch nicht, wenn er uns anfeuern und auf Trab bringen will. Wir tun, was wir können. Mehr nicht, und wenn er noch so fuchtelt und Kommandos brüllt, die in dem Lärm ohnehin kei-

ner versteht. Wir beharren wie der Fels in der Brandung. Hauptsache, er meint erreicht zu haben, was er will.

Das also war die Fuge. Klappt ja schon fast. Ob's auch klingt? Bin überzeugt, die Leiter unserer Spitzenchöre säßen mit herabgezogenen Mundwinkeln und hochmütigen Augenbrauen da. Ich denke, der liebe Gott hört's anders. Weiß nicht, wie sich's vor ihm ausnimmt. Vielleicht sagt er zu mir: Abscheulich, alter Knurrhahn! meint's aber ganz freundlich. Ich weiß bloß, daß ich *gern* singe. Vor allem das jetzt: »Herr, Herr, auf dich steht mein Hoffen . . .« Mag ich sehr. Geht's Ihnen auch so?

Feierabend. Schluß für heute. Jetzt läßt mir dieser Ohrwurm die halbe Nacht keine Ruhe.

Einen Rat noch: Kommen Sie nicht wieder überpünktlich! Sie waren doch so ziemlich der erste heute. Als Neuer. Stimmt's? Wette, Sie haben nicht nur dieses »Wo-wo-wo«, das »Ha-ha-ha«, das »Mi-mi-mi« und das Gliedergeschüttel über sich ergehen lassen, mit dem er uns lockern will. In Wirklichkeit wartet er, wer noch kommt und ob wir sangesfähig werden. Wette, er hat auch noch seinen Zorn gegen die Unpünktlichkeit ausgeschüttet. Über die Pünktlichen natürlich, daß die verdattert dasaßen. Als wir andern dann kamen, nach und nach und als hätten wir's vor Überlastung kaum geschafft, da hat er gestrahlt und uns freudig willkommen geheißen. Sehen Sie.

Wenn Sie gar ein Tenor wären! So ein gehörig verspäteter Tenor, der sich wochenlang nicht sehen ließ – der kann dann schon mit einem Blumenstrauß rechnen, wenn er aufkreuzt. Ich natürlich kriege keine Nelken, ich als Baß.

Was denn? Sie meinen, ich kann ihn nicht leiden? Hielte nichts von ihm?

Verehrtester, das ist der dritte im Verlauf meiner Chorpraxis. Gut waren sie alle. Und fleißig. Konnten was. Und machten die gleichen Fehler. Der da – ich sage Ihnen: Der da ist Spitze. Müßte längst weiter oben sein. Aber da sei Gott vor! Wir lieben ihn. Ich auch, ich alter Knurrhahn.

Machen wir ein Spiel!

Wenn der kleine Beppo mit seinen Kulleraugen in die Runde blickt und fordert: »Machen wir ein Spiel!«, dann lasse ich mich prompt verführen. Und ich ahne: Er wird uns Erwachsene alle aufs Kreuz legen; denn er kennt sämtliche Kniffe und Pfiffe, von denen ich keine Ahnung habe. Ich werde mir erst noch die Spielregeln erklären lassen müssen, um schlecht und recht mithalten zu können. Am Schluß werde ich wahrscheinlich haushoch verloren haben und es mit Würde tragen, obwohl ich eigentlich – meine Frau weiß das und sagt es – ein miserabler Verlierer bin. Beppo wird in die Hände klatschen und sich freuen wie ein Schneekönig, daß er gewonnen hat. In die Versuchung, ihn absichtlich gewinnen zu lassen, werde ich gar nicht kommen. Ich würde es auch nicht tun; denn Beppo ist groß genug, um es zu entdecken. Er würde mich als Spielverderber beschimpfen und mir am liebsten die Augen auskratzen. Mit Recht; denn ich hätte ihn in seiner Ehre gekränkt und ihn nicht ernst genommen. Aber ernst genommen will er werden, zumal beim Spiel, wo er es doch mit uns allen aufnimmt. Unschlüssig bin ich noch, ob ich davon Notiz nehmen soll, daß er mogelt. Denn mogeln wird er, und zwar mit der süßesten Unschuldsmiene. Wenn er aber groß genug ist, um seine Ehre zu verteidigen, sich ernst nehmen zu lassen und uns alle auszustechen, dann ist er auch groß genug, um nicht mehr mogeln zu dürfen. Am liebsten freilich mag ich Spiele, bei denen niemand verliert und keiner gewinnt. Da gewinnen nämlich alle.

Wenn der Kollege B. in unsere – merklich größere – Runde blickt, nicht mit Kulleraugen, aber mit seinem freundlichsten Lächeln hinterm Bart, und anordnet: »Machen wir ein Spiel!«, dann habe ich eine Vision: Er umhüllt sich vor meinen Augen auf der Stelle mit einem weißen Kittel, aus dem ihm ein Stethoskop hängt – kein gewöhnliches, sondern eine Art Seelenstethoskop. Ich frage mich: Was will er diesmal? und sehe ver-

wundert, daß es wohl auch heute – immer noch – ein paar Arglose geben wird.
Ich aber versuche wegzutauchen. Denn ich ahne schon: Der Kollege B. wird sich am Ende den Bart streichen und zufrieden sein, wie er uns durch das Spiel aufgeschlossen und unser Gruppenklima erwärmt hat. Im schlimmsten Fall wird auf das Spiel gar eine Auswertung im Kreis der Mitspieler folgen. Die Augen werden ihnen aufgehen – oder aufgetan werden – für ihr eigenes Verhalten, für ihre Kontaktschwierigkeiten, für ihre verborgenen Aggressionen gegeneinander, für ihren sonst gut verhohlenen Ehrgeiz oder was weiß ich. Hinreichend füreinander sensibilisiert, werden wir in den Rest des Tages gehen. Die Kollegin Elisabeth aber wird, erschrocken über die so geborenen Selbsterkenntnisse, mit zusammengebissenen Zähnen todbleich zur Tür laufen und draußen in Tränen ausbrechen ob ihrer eigenen Unzulänglichkeiten.
Der Kollege B. ist nämlich ein Tausendsassa, ein Experte, der nur zu gut weiß, was in einem Spiel steckt, was es hergeben und wie man es verwenden kann. Und wirklich: Das alles gibt es her, das alles von uns.
Ich aber – hartnäckig und mich querlegend, wieder einmal – gedenke da nicht mitzuspielen. Weil ich von mir gar nicht so viel hergeben *will*, weder so noch so, und es auch von andern nicht erwarte. Weil Spiel mir teuer ist, jenseits von »Notdurft und Nutzen«, dieser schimmernde Einschlag, dieser leuchtende Faden im Gewebe des Lebens, und weil ich's dem Kollegen B. nicht ausliefern mag zur Ver-wendung.
Weil ich unbekümmert ein Spiel mit anderen spielen möchte – nicht doch! abscheulicher Doppelsinn! ... weil ich vielmehr Spiel *sein* will, arglos, mit Freunden, hingegeben an sein Hin und Her, zufrieden in der Freude des Gelingens, im Glück des Glückens.
Und Weißkittel – auch in Zivil – sind da nicht gefragt.
Auf, Beppo, machen wir ein Spiel! Daß du mogelst, ist vergleichsweise harmlos.

Freud hin, Freud her

»Weibliche schwarze Katze, sterilisiert, anderthalb Jahre alt, ab 16 Uhr zu erreichen unter Nr. ...«

Freud hin, Freud her – ich bin kein Psychologe, gehöre auch nicht zum Heer der Psychoamateure, vor denen uns Gott bewahren möge. Ich habe lediglich Spaß an sprachlichen und gedanklichen Purzelbäumen. Hinter Medienperfektion und Oberflächenpolitur erscheint plötzlich der unperfekte Mensch, ganz unverblümt, und streckt die Zunge heraus, obwohl er sich eigentlich die Krawatte geraderücken wollte. Was die Psychologen entdecken mögen hinter dem Mund, der sich so verspricht, dem Ohr, das sich so verhört, dem Auge, dem »das« nicht entgeht – ich überlasse es ihnen gern, Freud hin, Freud her.

Übrigens schätze ich, nicht jeder Versprecher ist gleich eine Quelle der Offenbarung. Nur der Spaß am Kuddelmuddel läßt mich juchzen, wenn mein Sohn mit der Nachricht ins Haus fällt: »Die Leute, die Tomaten auf dem Balkon hatten, sind über Nacht alle erforen.« Und es ist mir ein Hörvergnügen, mehr nicht, wenn der Moderator einer musikalischen Rundfunksendung sagt: »Der Herzog spielte Cello, und die Herzogin blies Klavier.«

In meiner Tageszeitung lese ich, Frau Dr. M.-M. habe bei bestimmter Gelegenheit jenes Gemälde von Canaletto »in ihrer klu*b*-vornehmen Art« ins rechte Licht gesetzt. Was der Setzer da angestellt und der Korrektor nicht bemerkt hat, ruft in mir ein ironisch-erfreutes Grinsen und Grunzen hervor; ich weiß, das liegt an meiner Abneigung gegen alles Prätentiöse und Feierliche. Und wenn es mich freut, daß ich in einer gedruckten Laudatio die »damlige Frau« des verehrten Künstlers erwähnt finde, dann steht es wohl ähnlich.

»Turgenjew: Erste Liebe – zweite Folge« – ich kann diese Programmnotiz des Radios nicht an mir vorübergehen lassen, ohne zu stutzen und mir etwas zu denken. Mir unterläuft der Hörfehler »Eine nackt in Venedig«, und ich erkenne mich selbst. Es treibt mir Tränen des Vergnügens in die Augen, wenn der Opernrezensent sagt: »Otmar Suitner hat mit Arabella intime Erfahrungen, die bis ins Jahr 1942 zurückreichen, als Richard Strauss in Berlin die Proben mit ansah.« Daß eben diese Tränen etwas für Psychologen sein könnten – ich ahne es, aber Freud hin, Freud her, es macht mir nichts aus.

Bekanntermaßen bin ich ein Sitzungsmuffel. Kein Wunder, daß ich jemanden von einer »bratenden Versammlung« reden höre statt von einer beratenden. Ich habe schon so manche Versammlung zum mindesten schmoren sehen.

Was auf Sitzungen so ernsthaft verhandelt wird, interessiert mich oft einen Schmarren. Aber was gelegentlich nebenbei und völlig ungewollt zutage kommt, kann hinreißend sein:

Da berät man darüber, was demnächst Gemeinschaftsförderndes für alle Mitarbeiter unternommen werden soll. Und dann unterläuft es einem der Beteiligten, von einer »Gemeinsafts-veranstaltung« zu reden. Von nun an mag der Mann dazu vorschlagen, was er will – ich weiß, was er von der Sache hält.

Vor einer Woche ist im Leitungskollektiv – nicht ganz unkritisch – über den Kollegen X und sein Anliegen gesprochen worden, ohne daß er selbst zugegen war. Nun setzt ihn der Chef ins Bild: »Lieber Kollege X ... (Oder wie? War's ein *kirchliches* Gremium? Hat er etwa »Lieber Bruder X« gesagt? Na? Na?) –also: »Lieber X, Sie waren bei dieser Sitzung nicht anwesend. Deshalb will ich Ihnen erzählen, was da los war, damit Sie nicht etwa *wissen,* daß wir Ihnen das vorenthalten wollen ...«

Freud her? – Aber wozu eigentlich noch, wenn doch alles so klar am Tage liegt?

Das selbstlose Lottchen

Lottchen ist selbstlos.
Es gibt Menschen, die handeln uneigennützig und bringen – wenn nötig – Opfer. Aber Lottchen ist selbst-los. Das ist etwas anderes.
Nie etwa hat sie den Drang, sich selbst mitzuteilen, als sei sie wichtig. Was wäre da schon?
Gewiß, sie schreibt täglich Briefe. Nur keine eigenen, sondern die ihres Chefs. Sauber. Ohne Fehler. Auf ihrem Arbeitsplatz liegt der Duden, damit sie weiß, wie man schreibt, was sie zu schreiben hat. Aus dem Urlaub allerdings schickt sie Karten; sie darf doch die Kollegen nicht vergessen. Auf den Karten steht, wie das Wetter ist, nicht wie ihr selbst ist. Und wie die Berge sind, kann man auf dem Bild erkennen.
Sie begleitet den Chef auf Dienstreisen. Dazu muß sie gut aussehen. Nicht um ihretwillen – bewahre! –, sondern um ihn nicht zu blamieren. Deshalb – nur deshalb! – hat sie auch Rouge im Täschchen. Der Chef nimmt sie mit, weil er jemanden braucht, der für ihn, für seine Termine und seine Bequemlichkeit sorgt. Er ist mit Lottchen zufrieden. Ihr Service ist o. k. Wahrscheinlich gehört dazu sogar, daß sie mit ihm schläft. Nicht weil sie ihn haben will. Nicht weil's ihr sonderlich Spaß machte. Lottchen ist selbstlos. Freude bereitet ihr, daß sie so viel für ihn tun kann. Und es macht ihr keine Mühe, diskret zu sein. Daher weiß auch keiner genau, ob wirklich . . .
Sie wohnt bescheiden. Ein Bett, hübsch weich. Ein Tisch, hübsch niedrig. Ein paar Sessel, gut gepolstert. Ein bißchen Küche. Auch Bilder an den Wänden: die Uta von Naumburg (Foto), das Schokoladenmädchen (Reproduktion) . . . Sie weiß nicht, ob sie die tatsächlich mag, aber sie weiß, daß andere diese Bilder schön finden. Und ihr ist es im Grunde gleich. Sie ist selbstlos.
Niemand braucht zu befürchten, daß Lottchen anders denkt,

als man von ihr erwartet. Noch nie hat sie etwas anderes gedacht als das, was man ihr dort eingefüllt hat, wo bei anderen das Selbst ist. Das wirkt sich günstig aus, für Lottchen wie für die Kollegen; denn es gibt nie Schwierigkeiten, weder mit ihr noch für sie. Für keinen.
Wer käme je auf den Gedanken, daß sie selbst etwas zu sagen hätte! Immer spricht »es« aus ihr, jedermanns Worte und Wörter, die Redewendungen ihrer Umgebung, nach Mode und Umständen unaufdringlich wechselnd, tadellos angepaßt, so daß alle verstehen, ohne Mühe. Eigenes, bei dem man stutzt oder stolpert, ist nie darunter. Wem das nicht geheuer ist, könnte fragen: Lottchen, warum versteckst du dich so? Aber sie verstünde die Frage nicht. Sie? Sich verstecken?
Hätte Lottchen Sprachen gelernt – aber dafür ist sie nicht begabt –, dann hätte aus ihr die perfekte Dolmetscherin werden können. Sie wäre darin völlig aufgegangen. Das wäre der Inbegriff, die Hochform ihrer Selbst-losigkeit gewesen: vollkommenes Sprachrohr zu sein, ihr Leben ganz im Dienste dessen, was andere zu sagen haben. Und sie selbst nichts.
Einen Traum aber hat sie: Geht sie einmal, und zwar für immer, dann sollen die anderen es merken. Der Chef vor allem. Dann will sie ihnen fehlen.
Und alle sollen zu ihrem Begräbnis kommen. Oder zur Urnenbeisetzung (denn sie begehrt wenig Raum für sich).
Und einen Grabstein möge man ihr setzen. Was darauf stehen soll, weiß sie noch nicht. Vielleicht ganz schlicht:

HIER
RUHT
DAS
SELBST-
LOSE
LOTTCHEN

Das schokoladebraune Baby

Der Pastor Martin Schulze träumte, seine Frau habe ein schokoladebraunes Baby geboren. Ja, wenn er Joshua Smith geheißen hätte! Aber er hieß nun einmal Martin Schulze. Und so weiß war er auch.

Es geschah in einer Dienstbesprechung, daß er davon erfuhr. Merkwürdigerweise war es die Frau Superintendent, die den Anruf entgegennahm. Die beherzte Frau – so erstaunt ihre Augen auch aussahen – verzog keine Miene, als sie mitteilte, die Klinik habe angerufen, Mutter und Kind seien wohlauf, und das Baby sei schokoladefarben.

Tiefes Schweigen breitete sich aus. Nur die Kantorin flüsterte: »Martin, Martin . . .« Aber Martin Schulze kümmerte sich nicht darum, sondern fuhr in die Klinik.

Seine Frau war glücklich und schien keineswegs beirrt. Sie benahm sich, als sei nichts Außergewöhnliches geschehen. Das Kind, ein Mädchen, hatte rosige Hände und Füße, ganz winzig und putzig, aber im übrigen, tatsächlich, sah es aus wie Schokolade, und Martin gefiel es sehr, zumal er sich immer ein Mädchen gewünscht hatte.

Seine Frau mußte die ökumenischen Beziehungen zu weit getrieben haben. Aber es gelang ihm nicht, ihr böse zu sein. Er sann nur darüber nach, wer wohl der Vater sein mochte. Der Gast aus Tansania nicht. Der war erst vor sechs Wochen im Lande gewesen. Der Schwede vom vorigen Jahr? Aber Schweden sind nicht schokoladebraun. Kurz, ihm fiel nichts ein, und im Traum kam er nicht darauf, einfach seine Frau zu fragen.

Kaum war er wieder daheim, da erschien ihm – noch immer im Traum – ein Engel. Endlich sehe ich einen! dachte Martin Schulze. Der Engel sprach: »Fürchte dich nicht! Auch nicht davor, daß das Kind schokoladefarben ist!«

Martin Schulze nickte. Dann fragte er: »Aber wie geht das zu, da ich doch von keinem Manne weiß?« Der Engel hob die

Schultern. Entweder wußte auch er es nicht, oder er war zur Auskunft nicht befugt. Und er fuhr fort: »Laß dir aber von niemandem einreden, es sei vom Heiligen Geist! Es ist ein ganz normales Mädchen, das soll Mary heißen und braucht einen Vater. Der sollst *du* sein. Also maule nicht, sondern nimm die Mutter und das Kind zu dir und zeige, daß du ein Gerechter bist, was auch kommen mag!«
Da erwachte Martin Schulze und merkte, daß der Traum schon längst kein Alptraum mehr war. Ihm war so wohl zumute, daß er überhaupt bedauerte, all das nur geträumt zu haben. Es tat ihm leid um das schokoladebraune Baby. Er hätte es so gern wirklich gehabt. Und er streckte die Hand aus, um den Arm seiner Frau zu streicheln. Die lag neben ihm, tief im Schlaf, und atmete, ahnungslos und unschuldig.

Der Kängufant

Wenn Peter zur Kur in das fremde Kinderheim fährt, nimmt er sein Zottelbärchen mit. Damit es im Wirbel des Aufbruchs nicht doch noch liegenbleibt, drückt Mutter es dem Peterle in den Arm und sagt: »Vergiß Teddy nicht!« Teddy ist gut gegen Heimweh. Ihm kann man erzählen, wie einem zumute ist. An seinem Pelz kann man die Wange reiben, abends im Bett.

Irgendwann im Leben – zwischen Kindheit und Erwachsensein – hat Teddy dann in Ehren seine Rolle ausgespielt. Vermutlich überdauert er in einer Kiste oder Truhe, in der man ihn eines Tages wiederfindet. Man streichelt ihn: Mein Guter, wie abgenützt siehst du aus von so viel Liebe! Und man legt ihn behutsam ins Dunkel zurück.

Der Dozent aber, dessen vorläufig letzter Jahrgang junger Männer – mit Bart oder ohne – heute eine Prüfungsarbeit schreibt, wundert sich, als er, aufschauend vom soeben gegebenen Thema, auf dem Platz eines seiner Prüflinge ein merkwürdiges Tier erblickt: keinen Teddy, jedoch von gleichem Material, sandfarben, mit großen, gelb gefütterten Ohren und hoch erhobenem Rüssel. Das Tier sitzt auf den Hinterbeinen, die, vorn als Wulst zusammengefügt, eine Höhlung bilden, ähnlich dem Beutel eines Känguruhs. Vor der Brust vereinen sich die Vorderbeine zu einem zweiten Wulst. Ohne Zweifel: ein Kängufant! Der Dozent hat ein solches zoologisches Mirakel noch nie gesehen und staunt. Aber er verwundert sich noch mehr, als ihm klar wird, was sein Prüfling – statt zu schreiben oder wenigstens an den Nägeln zu kauen – gerade tut: Er zwängt eine Stoffpuppe mit roter Zipfelmütze und blauem Anzug, eine Art gestrickten Gartenzwerges, hinter die Wülste des Kängufanten. Jetzt sitzt der Kleine im Beutel, und die vorderen Extremitäten des Wesens umschließen ihn fest. Ganz vergnügt lugt er aus dieser Umarmung hervor.

Der Dozent sagt nichts, aber seine Kopf- und Körperhaltung

ist eine einzige Frage. Der Prüfling, blinkend bebrillt und durchaus nicht ohne Kinnbart – darin seinem Gartenzwerg gleichend –, lächelt halb verlegen, halb vertrauensvoll. Dann erklärt er, allen vernehmlich: »Das ist gegen meine Prüfungsangst.«

Niemand platzt heraus oder kichert. Der Dozent registriert das in seinem Kopf. Etwas in ihm stößt ihn an und fragt ihn, ob er gegen dieses läppische Verhalten seines jungen Mannes, gegen dieses kindische Zeugnis himmelschreienden Aberglaubens nicht etwas zu tun gedenke. Aber er tut nichts. Er findet den Satz, den sein junger Mann da eben gesagt hat, weder kindisch noch läppisch, sondern überraschend mutig. Und dann lächelt er zurück und nickt. Er setzt sich und beginnt zu grübeln.

Mir sind, denkt er, schon die seltsamsten Gebete begegnet: wortreiche und wortkarge, zwanghafte und gelöste, zur Formel erstarrte und freie, lateinische und muttersprachliche, mitunter nur geseufzte. Aber noch keines bisher hatte die Gestalt eines zipfelmützigen Gartenzwerges und eines Kängufanten mit gelben Ohren und gehobenem Rüssel.

Der Prüfling, längst über sein Papier gebeugt, kritzelt emsig wie die anderen. Vor ihm steht sein Wunderwesen, von Zeit zu Zeit schaut er es an. Es souffliert ihm nichts, er weiß schon allein, was er schreiben will.

Der Dozent aber sitzt, sinnt und spielt mit dem Bleistift. Herr Gott, denkt er, wie groß ist dein Tierreich!

Wespen

Sie hatten ihr einen jungen Mann geschickt. Einen von denen, die sie dort ausbilden. Aus der Klasse ihres Mannes. Einen langen Burschen mit Blondhaar bis zur Schulter und einem Band um die Stirn. Hatten sie schon – o Barbarei! – wegen der Garagen die Ahornbäume gefällt, in Stücke gesägt, unter die Hausbewohner verteilt, dann sollten sie das Holz auch schichten lassen. Dort in den Schuppen. Bitte!
Sie zeigte ihm den Platz. »Okay«, sagte er, aber seine Augen kamen nicht los von dem Balken im Hintergrund, genauer: von etwas, das da herabhing, nicht unähnlich einer Kokosnuß, aber heller, grau.
Ein Streif Sonne fiel darauf. Sie erkannte gleich, was es war. »Du lieber Schreck! Wespen. Ein Nest. Muß natürlich weg, ehe Sie anfangen. Warten Sie!«
Er war nähergetreten. Auf Armlänge. »Hab ich noch nie gesehen«, sagte er. »Noch nie. Ist enorm.«
Er stand, sah Tiere aus- und einfliegen, wagte schließlich, mit zwei Fingern über das Graue zu streichen, neugierig, fast ehrfürchtig. »Phantastisch! Ganz dünn und leicht! Das soll bleiben.«
»Wie denken Sie sich das?«
Er winkte ab. »Werden uns schon vertragen, die und ich.«
Sie lächelte ungläubig. Er errötete. »Na ja«, sagte er, »ich hab nichts gegen die. Ich bewundere das einfach. Sollte man nicht zerstören. Oder haben Sie Angst?«
»Angst?« Sie zuckte die Achseln. »Um Sie. Ja.«
Er schüttelte den Kopf. »Werden uns schon vertragen«, sagte er. »Ich fang denn mal an.«
Sie zögerte. Wandte sich dann zum Gehen. »Ich bin in der Küche«, sagte sie. »Und Sie können mich rufen. Aber passen Sie auf!« Bin ja gespannt! dachte sie, während sie vor ihrer Abwaschschüssel voller Johannisbeeren saß. Bin ja gespannt!

Dann und wann warf sie einen Blick durchs Fenster, hörte Holz aufeinanderstoßen, sah ihn Kloben herankarren, mehrmals. Das Haar zottelte ihm ums Gesicht. Und sie stellte fest, daß er in Schweiß geriet.

Nach einer Weile kam er über den Hof, leicht nervös, mit nasser Stirn, Strähnen zurückstreichend.

»Geht so nicht«, sagte er, »tut mir leid.«

»Wieso nicht?« fragte sie. »Zu schwer?«

Kopfschütteln. »Doch nicht das Holz! Die Wespen. Werden zu hektisch, und ich hab nur zwei Hände. Macht mir echt Kummer. Hätte sie lieber gelassen.«

Sie schaute sich um, griff eine Flasche vom Fensterbrett. »Hier. Sprühen Sie gründlich ein! Schließen Sie die Tür und machen Sie zehn Minuten Pause! Hinten im Garten steht eine Bank.«

Sie hielt ihm die Metallflasche hin, aber er packte nicht zu, zögerte.

»Nein«, sagte er dann. »Spray nicht. Kenne das von den Fliegen. Gefällt mir gar nicht. Überhaupt: wird viel zuviel gesprayt. Wissen Sie nicht . . .«

»Doch«, nickte sie, »ich weiß. Aber wie dann? Abbrennen? Im Schuppen?«

»Lieber nicht«, erwiderte er.

»Bleibt Wasser«, riet sie, »der Eimer hier.«

Er stand unschlüssig, wandte sich. Wolle es noch einmal versuchen, murmelte er und stiefelte hofüber zur Schubkarre. Sie hörte ihn im Schuppen arbeiten. Holz auf Holz.

Dann sah sie ihn – fuchtelnd und die Mähne schüttelnd – aus der Tür schießen. Sie packte den gefüllten Eimer und schleppte ihn in den Hof.

»Hier«, sagte sie, »nehmen Sie den Rechen, stoßen Sie's vom Balken und lassen Sie's in den Eimer fallen! Warten Sie, ich helfe.«

Er wehrte ab. »Gehen Sie nur! Mach ich allein.«

Sie ließ den Eimer. »Aber Vorsicht!« rief sie zurück.

Er sah ihr nach und kratzte sich im Nacken, unglücklich, mit sich selber uneins. Dann nahm er das Wasser und verschwand im Schuppen.

Später, als sie mit Kaffeekanne und Kuchenteller zur Sitzecke unterm Fliederbusch balancierte, stand der Eimer vor der Haustür, umgestülpt.

Sie ging, um den jungen Mann einzuladen. Er stapelte die letzten Kloben. Das Graue, Kokosnußähnliche hing nicht mehr am Balken. »Ich komme«, sagte er.

Schweigsam kaute er am Kuchen, ziemlich lange. Dann: »Sie finden mich blöd, was?«

Sie sah ihm ins Gesicht. »Blöd? Ich finde Sie prima.«

Er errötete und wußte es. Immer dieses verdammte Erröten.

»Habe alles beim Kompost vergraben.«

»Ist gut.«

Er kaute und trank. Sie starrte empor, in den Flieder. »Sehen Sie mal!«

Etwas flog da. Etwas und noch etwas. Wespen?

»Die sind aber groß!«

»Hornissen«, sagte sie seelenruhig. »Die fliegen ihre Runde. Immer hier am Busch.«

Er stutzte, setzte die Tasse ab. Sie wußte, was er sagen wollte, kam ihm zuvor:

»Haben uns noch nie was getan. Hier ist kein Schuppen.«

Schweigen. Dann: »Sehen Sie: dort am Zweig!«

Er hob den Kopf, entdeckte scharfäugig das Insekt, staunte.

»Mann!« sagte er. »Ist die schön! Seh ich zum erstenmal.«

Die Frau lächelte. »Sind selten geworden. Im Frühling warte ich, ob sie da sind, wie die Störche ...«

Er lächelte zurück.

Sie legte den Finger auf den Mund.

»Verstehe«, sagte er. »Niemandem.«

Wie fühlen Sie sich als Sachse?

Ja, so wird es gehen. Bitte nicht: »Wie fühlt man sich als Sachse?« Ich kenne Man nicht. Ich weiß nicht, wie Man sich als Sachse fühlt. Ich bin nicht sicher, ob es Man überhaupt gibt. Allenfalls kenne ich mich selbst, wenn auch nicht bis auf den Grund.

Wie ich mich als Sachse fühle? Erste Antwort, auf Anhieb: Ein bißchen geniert!

Warum das? Dem Sachsen, dem Obersachsen nämlich, werden doch so erfreuliche Dinge zugeschrieben. Er ist, sagt der Große Brockhaus von 1932, »stets bereit, Neues aufzunehmen und zu verwerten; dabei ist er genügsam, fleißig, geistig rege, stark kritisch veranlagt, aber persönlich gutmütig.« Kurz und knapp: Er ist »helle«. Und seine Reiselust erklärt sich als Neu-Gier im besten Sinne.

Warum also geniert?

Es liegt an der Sprache. »Das Kerngebiet dieser Sprache, das sich um die Achse Leipzig–Dresden lagert . . . ist gekennzeichnet durch eine weiche Artikulation mit ausgesprochener Melodieführung.« (Abermals der Große Brockhaus.)

Na und? Heißt es da nicht auch: »Die kursächsisch-meißnische Kanzleisprache wurde bedeutsam für Luthers Bibelübersetzung; im 18. Jahrhundert machten Gottsched und Adelung den Leipziger Sprachgebrauch zur Grundlage der modernen Schriftsprache«? Offenbar konnte man einst in aller Unschuld sächsisch reden, ohne sich damit zu blamieren.

Schön und gut. Aber diese Zeiten sind vorbei. Heute ist Sächsisch ein Handikap. Wieso eigentlich? Ja, wenn ich das nur zureichend erklären könnte! Am besten ist es wohl, ich erzähle statt dessen eine Geschichte: weltbekannt, nur nicht in dieser Fassung.

Am Anfang schuf Gott Himmel und Erde. Er sprach, und es geschah. Daß sein Wort auf sächsisch erging, will ich nicht behaupten. Wenn aber dieses »Er sprach, und es geschah« ausdrücken soll, wie mühelos Gottes Schaffen ist – im Gegensatz zur schweißtreibenden Arbeit eines angestrengten Weltbaumeisters –, dann liegt es durchaus nahe, ans Sächsische zu denken. Denn welche Sprache sonst ist wie diese der Inbegriff des Mühelosen! Man muß weder den Mund öffnen noch die Lippen bewegen.

Das »Seid fruchtbar und mehret euch und füllet die Erde!« – wie es auch geklungen haben mag –, haben die Sachsen von jeher sehr ernst genommen. Man ersieht es daran, daß sie ihr Land so dicht besiedeln und daß man sie auf der ganzen Erde überaus häufig antrifft.

Zunächst aber setzte der Herr den Sachsen in den Großen Garten und ließ ihn dort nutzbringend arbeiten: fleißig, vielleicht sogar schon geistig rege. Immerhin war alles ziemlich gemütlich. Nur – der Sachse hatte nicht seinesgleichen, und deshalb war es eben doch nicht *vollendet* gemütlich. Denn ein Sachse allein, das ist nichts. Man muß ihn hören, und dazu braucht er einen Partner auf gleicher Ebene.

Da half letztlich auch der Versuch mit den Tieren nichts. Zwar marschierten, hüpften, tappten, krochen und flügelten sie alle an ihm vorüber, und er gab ihnen Namen. Seitdem heißen sie, wie sie eben bis heute heißen: Dabier und Diecher, Gängeruh, Garniggl und Kroggedill. Aber zufriedenstellend war das für den Mann nicht.

Und so schuf Gott das Weib. Ich weiß nicht, was er gesagt hat, als er es dem Menschen zuführte. In Adams Ohren muß das geklungen haben wie: »Na, ist das nu was?« oder auch: »Na, ist das nu nischt?« Denn er bestätigte: »Mensch, das is was!« und brach in einen großen Jubel aus, den ich gern authentisch gehört hätte.

Und sie waren beide nackt und redeten sächsisch, der Mensch und sein Weib, und schämten sich nicht.

Wir wissen, wie die Geschichte weitergeht. Auch die Schlange übrigens sächselte, aber so wie ein zum Sachsen Ausersehener in Lustspielproduktionen des Fernsehens, und daran hätte die Frau den Braten riechen können. Leider war sie in diesem Fall nicht helle genug, vermutlich weil sie trotz aller Ziererei schon zu versessen war auf die verbotene Frucht – also verblendet, wenn es akustische Verblendung gibt.

Und so geschah das Unglück.

Als dann der Herr in der Abendkühle durch den Großen Garten ging, ein Stück abseits der Hauptallee, da hockte Adam – immer noch nackt – hinterm Busch. Er hörte die Stimme: »Adam, wo bist du?« und wußte gleich, was die Glocke geschlagen hatte. Denn diesmal sprach der Herr in bestem Hochdeutsch und mit scharf preußischer Fanfare. Und als er fragte: »Warum versteckst du dich?«, da mußte Adam – stark kritisch veranlagt – bereits antworten: »Ei du liewer Godd, ä naggcher Saggse, der ganns'ch doch so nich sähn lassen!«

Wie anheimelnd hätte es noch geklungen, wenn der Herr darauf den Menschen und sein Weib mit den Worten »Machd eich naus!« fortgeschickt hätte! Aber nein, die Gemütlichkeit hatte aufgehört.

Immerhin. Gänzlich schutzlos entließ Gott die beiden doch nicht in die Welt. Er gab ihnen Felle, ihre Blöße zu decken, und verlieh ihnen die Fähigkeit, mit gehöriger Ausdauer wenigstens ein gepflegtes Zivilisationsobersächsisch zu erlernen. Das reichte aus, um in der Welt zu bestehen. Aber die »ausgesprochene Melodieführung« blieb an ihnen und ihren Nachkommen haften wie Aussatz. Mindestens daran erkennt man sie bis auf den heutigen Tag.

Von nun an hatte Adam Gelegenheit, sich unter den veränderten Umständen weiterhin »fleißig und geistig rege« zu betätigen, fortan auch »genügsam«.

Mit dem Großen Garten ist das heute alles ganz anders geregelt. »Der Cherub steht nicht mehr dafür« mit dem bloßen, hauenden Schwert, und Herkules ist sichtlich so vollauf mit seinen athletischen Heldentaten beschäftigt, daß er gar keine Zeit hat, uns etwas zuleide zu tun. Die größeren Tiere sind im Südteil konzentriert, im Zoo. Schlangen sind nicht mehr zu befürchten. Nur die Pioniereisenbahn schlängelt sich durchs Gelände, brav auf vorgeschriebenem Kurs, von dem sie niemals abweicht.

5 5972

Um den Garten herum ist die Stadt Dresden gewachsen. Noch immer ist er sehr schön trotz mancher bisher nicht verheilter Kriegswunde. Aber er ist nicht mehr das Paradies schlechthin. Und weder Gott noch Engel redet jetzt sächsisch mit Adam und Genossen.

Dennoch: Einen Abglanz des Paradieses gibt es wenigstens für sächsische Kinder. Das ist die Zeit, in der noch alle – die Eltern und die Freunde, sogar die Lehrer – mit ihnen zusammen so reden, wie es im Kerngebiet um die Achse Leipzig–Dresden üblich ist, und in der sie alle der Meinung sind, sie sprächen doch miteinander ein ganz normales, gutes Deutsch.

Für mich ist diese Zeit leider längst vergangen. Wann das begonnen hat, weiß ich nicht mehr genau. Aber der endgültige Bruch geschah, als ich mich einmal unverfälscht auf dem Tonband hörte. Nein, das hätte ich nicht für möglich gehalten! Es war grausam.

Daraufhin habe ich ernstlich mit Sprechübungen begonnen – nach fachkundiger Anleitung des Lehrbuchs – und mich sorgfältig kontrolliert. Die Fortschritte leugnen zu wollen, wäre falsche Bescheidenheit. Nur eben – die Melodieführung!

Seitdem ist aber wenigstens ein erheblicher Unterschied zu erkennen zwischen Situationen, in denen ich mich zwanglos mit meinesgleichen unterhalte, und Gelegenheiten, bei denen ich vor Publikum zu reden oder zu lesen habe. Und manchmal fragen mich Fremde, woher ich stamme und um welchen Dialekt es sich da handle; sie seien nicht imstande, ihn zu orten. Da bin ich sehr stolz.

Also ein sächsischer Renegat! Ein Verleugner! Einer, der sich seiner Herkunft und seiner Heimat schämt!

Nein. Nicht einmal ein Verächter der sächsischen Sprache. Denn ich habe sie neu schätzen gelernt. Sie ist selbst ein »stark kritisches« Element. Stich mit ihr in einen Luftballon von Pathos, und der Effekt ist überwältigend! Die Fetzen fliegen, und um die falsche Herrlichkeit ist es schlagartig geschehen. Zurück bleibt Gelächter. Und ein frischer Luftzug. Man kann auf sächsisch nichts Hochgestochenes sagen, ohne sich dabei selbst zu ohrfeigen. Darum habe ich begonnen, das Sächsische neu und auf meine Weise zu lieben. Und es gezielt abzuschießen wie einen Pfeil.

Genug vom Dialekt. Sachse sein ist ja nicht nur Sache der Sprache. Einverstanden?

Ja und nein. Wer sich – wie ich – in fremdem Land wie nicht anwesend fühlt, wenn er nichts von dessen Sprache versteht, wird nicht leichten Herzens zustimmen können. Trotzdem: Ja. Wie fühle ich mich als Sachse – abgesehen von der Sprache? Antwort, wiederum auf Anhieb: Vorzüglich!

Nur – was ist denn ein Sachse? Ich halte nicht viel von Typologien, sei es nun, daß sie festschreiben wollen, was ein Mann ist oder eine Frau, sei es, daß sie vorgeben, genau zu wissen, was ein Schwabe oder ein Bayer sei. Ich halte selbst dann nicht viel davon, wenn es im Großen Brockhaus steht. Gibt es den Sachsen?

Es gibt Erzgebirgler (nicht *den* Erzgebirgler!). Es gibt Oberlausitzer, Vogtländer, Leipziger, Dresdner ... Und es gibt viele, viele voneinander verschiedene Sachsen: jeder ein Original, Gott sei Dank. Wir sind allzumal Sünder. Und doch jeder anders.

Aber einmal spielten wir ein Spiel. Das wollte helfen, einander und sich selber besser kennenzulernen. Dazu gehörte die Frage: »Fühlen Sie sich vorzugsweise als Weltbürger – als Europäer – als Deutscher – als Staatsbürger – als Sachse – als Erzgebirgler, Dresdner o. ä.?« Und man sollte bereit sein, über seine Wahl Auskunft zu geben.

Gegen diese Art Frage läßt sich viel einwenden. Vor allem, daß die Antwort situationsabhängig ist. Verschlägt es mich nach Zentralafrika, fühle ich mich vermutlich vor allem als Europäer, im guten wie im schlimmen. Vorzugsweise als Erzgebirgler fühlt sich einer vielleicht, wenn er gerade die dortigen Lieder mitsingt, die ihm von klein auf vertraut sind. Und wann einer sich vorzugsweise als Staatsbürger fühlt, das mag verschieden sein und das soll er selbst sagen.

Aber ich weiß, daß ich zwei Positionen ankreuzte: Weltbürger und Sachse. Und gefragt: Warum denn zwei Kategorien statt einer? Warum gerade zwei, die so weit auseinanderklaffen?, erwiderte ich leidenschaftlich, das klaffe überhaupt nicht auseinander, sondern gehöre engstens zusammen. Dazu stehe ich auch heute.

Sachsen hat viele Gesichter, »der Sachse« ebenfalls. Ich weiß, für welches ich damit optiert habe: für das weltoffene, für das, welches interessiert und prüfend auf alles blickt, was in der Welt geschieht, und dann nicht selten ein Stück weiter schaut als andere. Ich könnte auch sagen: für das Lessing-Gesicht. Oder: für das Leibniz-Gesicht.

Aber der Versuchung, jetzt eine gedrängte Übersicht der Kulturgeschichte ad maiorem Saxoniae gloriam zu bieten, werde ich widerstehen. Haben wir das nötig? Den Refrain »Ich bin stolz auf ...« oder »Wir können stolz sein auf ...« finde ich hier albern. Stolz sein kann ich allenfalls auf etwas, das ich selber geleistet habe und das mir gelungen ist. Mich an den Leistungen meiner Vorfahren sonnen zu wollen, ist nicht mein Stil. Immerhin freut mich, daß ich sagen kann: Der Ruhm der Sachsen ist kein Kriegsruhm. Groß sind sie nicht als Eroberer, sondern als Sauerteig, und wenn ich selbst davon ein winziges Klümpchen bin, dann soll mir das recht sein.

Sachsen – das ist nicht nur Dialekt, nicht nur Mentalität. Das ist zugleich ein Land, wenn auch, politisch gesehen, ein gewesenes: Kurfürstentum vormals, Königreich, Freistaat, jetzt drei Bezirke. Landschaft jedenfalls. Ich lebe dort, mitten darin.

Gelingt es einem Sachsen, in die Dolomiten zu kommen, dann sagt er: »Fast wie in der Sächsischen Schweiz!« Und das klingt begeistert, nicht etwa enttäuscht. Steht er hoch auf dem Elbsandstein in bizarrer Felsenwelt, dann ruft er: »Fast wie in den Dolomiten!« Und es klingt – siehe oben! Für ihn und bei ihm »stimmt« beides. In der Ferne liebt er die Heimat und in der Heimat die Ferne.

Und ich?

Als Kind habe ich jahrelang kaum etwas anderes gesehen als meine Geburtsstadt Leipzig und deren Umgebung. Mit Eltern und Bekannten fuhr ich manchmal am Wochenende bis zu der oder jener Endstelle der Leipziger Straßenbahn. Wir wanderten schwitzend durch Flachlanddörfer, die heute dem Braunkohlentagebau gewichen sind, oder ließen uns irgendwo zwischen Luppe und Weißer Elster von den Mücken stechen.

Schulkameraden aus begüterten Familien fuhren in den großen Ferien nach Berchtesgaden oder nach Norderney. Das war Traum von der weiten Welt.

Leipzig? Oh, gewiß, Leipzig hatte Kultur. Und während der Leipziger Messe flutete die weite Welt sogar zu uns herein. Leider brachte sie weder mehr Grün noch mehr Sauerstoff mit. Keine See. Und keine Berge.

Fast drei Jahrzehnte blieb ich an Leipzig gekettet. Das hat der Liebe Abbruch getan. Die Leipziger mögen es verzeihen, wenn nicht gerade ich das Loblied anstimme auf »klein Paris« wie Frosch im »Faust«. Ich bin kein Frosch. Und mein Mißvergnügen an Leipzig übertrug ich – nur halb bewußt – auf ganz Sachsen, das ich doch kaum kannte. Die Alpen, das Meer – ja, das war etwas! Was konnte demgegenüber Sachsen sein! Alles erheblich zu kurz gekommen! Alles ein paar Nummern zu klein! Allenfalls ein Spargebirge – und ich konnte tatsächlich lange die Vorstellung nicht loswerden, das Spaargebirge bei Meißen heiße so, weil die Natur daran gespart habe. Heute entzückt es mich mit seinen Weinbergen und Ausblicken mehr, als ein Fremder wohl je verstehen kann.

Was war ich für ein Narr! Das Gerede von »Klein-Paris«, ja »Klein-Tirol«, »Elbflorenz«, »Sächsischer Schweiz« richtete in mir Verwirrung an. Was als Lobpreis gemeint war, sagte mir, bei uns in Sachsen sei eben nichts echt, alles bloß nachgeahmt im Maßstab eins zu was-weiß-ich: kein richtiges Paris, kein richtiges Florenz, kein richtiges Tirol, keine richtige Schweiz. Auf der ganzen Linie nichts Richtiges. Wie viele solche Schweizen haben wir übrigens zwischen Ostsee und Fichtelberg? Zwei Warzen auf der Haut des Flachlandes, und fertig ist eine Schweiz!

Daß etwa zusammen mit »richtigen« hervorragenden Deutschen – den Pöppelmann, Bähr und Knöffel (dieser sogar in Dresden geboren!) – »richtige« große Italiener und Franzosen wie Chiaveri und Longuelune an der »richtigen« Elbe die originale, unverwechselbare Stadt Dresden gebaut hatten – nun

ja, mit dem Kopf wußte ich das. Tiefer aufgegangen, nein tiefer eingegangen ist es mir erst, als der größte Teil dieser Herrlichkeit in Trümmern lag. Manchmal freilich bin ich froh, daß ich das alte Dresden so wenig kannte. Mir steht nicht so viel im Weg wie manchen alten Dresdnern, wenn es darum geht, sich dem neuen Dresden zu erschließen.
Mittlerweile habe ich Sachsen besser kennengelernt. Richtig lieben lernte ich es merkwürdigerweise dadurch, daß ich zum Beispiel die Alpen sah und sogar Norderney, daß ich berühmte Städte außerhalb Sachsens erlebte. Wirklichen Eindruck machte mir das Erzgebirge erst aus der böhmischen Perspektive.
Heute bekenne ich mich mit Freuden zu diesem Sachsen. Wir sind kein Land der tausend oder zehntausend Seen. Aber wir haben schöne Teiche, die ich liebe und die nicht daran denken, eure Seen nachzuahmen. Nein, wir haben keine Dolomiten: weder Marmolata noch Langkofel noch Civetta. Wir haben die Schrammsteine und die Affensteine, den Lilienstein und den Königstein, und die sind, was sie sind: keine Minidolomiten. Wir haben weder Versailles noch den Louvre. Aber wir haben – unter anderem! – Pillnitz und Moritzburg. Und die sind Pillnitz und Moritzburg.
Ich habe nichts dagegen, daß bei uns zulande manches ein bißchen kleiner ist. Aber ich habe einiges gegen diejenigen, die immer ein bißchen größer sein wollen, als sie wirklich sind. Und Sachsen ist immerhin so groß, daß ich noch heute dabei bin, es zu entdecken. Daß ich damit noch längst nicht zu Ende bin. Allerdings – und das habe ich mit vielen Landsleuten gemein: Auch ich liebe in der Fremde die Heimat und in der Heimat die Fremde. Wenn mir einer kommt und sagt: Hier ist es groß genug für dich! Du brauchst nicht zu reisen! dann werde ich »tücksch« (Schreibt das, wie ihr mögt!).

Ach, übrigens, eines wüßte ich doch schrecklich gern: wie Lessing geredet hat. Was hat sich bei ihm durchgesetzt? Das lausitzische Kamenz? Das Meißnische aus der Fürstenschulzeit? Leipzig? Oder? Ich gäbe viel darum, ihn zu hören.
Aber das mit der Sprache hatten wir ja schon.

Das Beil an der Wand

In meinem Arbeitszimmer hängt ein Beil an der Wand. Manchmal fragen Besucher: Was ist das für ein Beil? Denn sie sehen: Das ist kein gewöhnliches Werkzeug, eher ein Kunstwerk, geschaffen von einem, der Sinn hatte für Maß, Freude am schlanken, leicht geschwungenen Holm, an der eigenartigen Form der Wange, an der Schneide, die nach oben in eine lange Spitze ausläuft. Der Holm ist aus Knochenringen gebildet über einem Holzkern. Auf ihnen sind Bilder eingebrannt und Sprüche: Bilder aus dem Leben des Bergmanns unter und über Tage, Miniaturen, mit Zierkanten gegeneinander abgesetzt. Ganz unten, an der breitesten Stelle, ein doppeltes Wappen. Die Sprüche sind schwer zu entziffern:

Mein Gruben licht soll Jesus sein
so fahr ich frohlich ausz und ein.

Oder:

Die Bergarbeit greiff hurtig an
Kehr ab von deinem Sünden Plan.

Das Beil ist eine Bergparte, genauer gesagt: eine sogenannte Röhrenparte – um der Röhrenknochen willen –, und hat zur Parade gedient, vermutlich bei den Festen der Bergleute von Freiberg in Sachsen. Dazu muß es prächtig getaugt haben. Die Schneide jedoch ist stumpf. Nicht abgestumpft vom Gebrauch, sondern zum Gebrauch nicht gedacht. Das Beil war ja nicht zum Zuschlagen bestimmt.

Aber zugeschlagen hat es.

Wie meine Vorfahren dazu kamen, weiß ich nicht. Es gehörte zu dem Erbe, das mein Großvater väterlicherseits seinen drei Söhnen hinterließ: Max, dem Ältesten, und den Zwillingen Arno und Oskar, deren Namen in meinen Ohren bis heute befremdlich klingen, verwegen fast. Oskar war mein Vater.

Das Erbe bestand aus einem Fachwerkhaus in einem mittelsächsischen Dorf. Als kleiner Junge habe ich dort Sommerwochen verbracht, mehrere Jahre hindurch. Mit meiner Mutter zumeist. Aber am Wochenende kam Vater mit der Eisenbahn. Wir erwarteten ihn am Bahnhof.

Aus diesen Tagen weiß ich nicht mehr viel. Und doch sind sie in mir geblieben als eine große, lichtgrüne Helle. Ich denke an die Apfelbäume im Garten und an die Pflaumenbäume. Auf dem Schrank lag ein Papierdrache, der nie steigen wollte. Und die Mädchen der Nachbarschaft riefen nach mir, um mit mir zu spielen.

Etwa als ich zur Schule kam, wurde das Haus verkauft. Die Verhältnisse waren schwierig in diesem Jahrzehnt nach dem ersten Weltkrieg, und die Brüder – verteilt auf die drei größten Städte Sachsens – konnten es nicht halten. Als man über den Verkauf beriet, sah ich in meiner Kindheit meine beiden Onkel samt ihren Frauen zum ersten und einzigen Mal, dann durch Jahrzehnte hindurch nie wieder. Denn die Teilung des Erbes nahm kein gutes Ende.

Über das Haus einigte man sich. Nicht über das Inventar. Bei uns hieß es, mein Onkel Max habe für sich und seine Frau das Familiensilber beiseite gebracht und etliches andere dazu. Seither galt er daheim als Erzgauner, als der Bösewicht der ganzen Sippe, ohne daß doch – zum mindesten vor meinen Ohren – so starke Worte je gebraucht wurden. Aber es war so eingefleischt, daß ich zeitlebens Mühe hatte, mir einzuprägen, daß in Webers »Freischütz« nicht Max der Bösewicht ist, sondern Kaspar.

Und dann war da das Beil. Nein, es war nicht mehr da. Mein Onkel Max hatte auch das an sich genommen. Mit dem Recht des Familienältesten. Meine Eltern jedoch, zumal meine Mutter, hielten dafür, es gehöre dorthin, wo der künftige Erbe sei, wo die Sippe sich fortpflanze. Und da meine beiden Onkel kinderlos geblieben waren, hieß das, es gehöre zu uns. Mit dem Beil wurde der Zwist besiegelt. Es war »die Spitze des Eisbergs«.

Das Tischtuch war zerschnitten. Zwischen Max, dem Gauner, und uns herrschte fortan Schweigen. Auch zwischen Arno und Oskar gab es kein Wiedersehen. Vielleicht weil der eine Zwilling dem andern nicht energischer beigestanden hatte: kein Halunke, kein Schuft, aber ein Schwächling vor dem Unrecht. Die Verbindung schrumpfte auf gelegentliche Briefe, freundliche, aber etwas förmliche, sich erschöpfend in Klagen über angegriffene Gesundheit und in guten Wünschen von Haus zu Haus, fröhliche Weihnachten, fröhliche Ostern, fröhliche Pfingsten! Das Beil, nicht dazu geschaffen, auch nur einen Holzklotz zu spalten, war zwischen die Brüder gefahren.

Mir bereitete das wenig Kopfzerbrechen. Bewußt zu leben begann ich erst, nachdem alles entschieden war. Ich kannte es nicht anders. Es mußte wohl so sein. Das Beil war mir gleichgültig. Ich hatte es nie gesehen. Schade, daß wir uns nie mehr zu Ferien in dem alten Haus einquartierten! Schade, aber es gab andere Freuden – selbst als mein Vater arbeitslos wurde während der großen Krise. Ihn als einzigen der drei Brüder traf es, ihn im kaufmännischen Beruf, ihn als Angestellten. Die beiden anderen waren Beamte.

Auch diese Zeit ging vorüber. Anbrachen die zwölf Jahre des Tausendjährigen Reiches. Der Zwilling Arno wurde schon kurz zuvor Frühpensionär, seiner schwachen Gesundheit wegen. Ich bestand das Abitur, als die tausend Jahre gerade in den zweiten Weltkrieg gemündet waren.

Am Ende des Krieges waren wir – außer der Frau des »Gauners« – noch alle am Leben, verwunderlicherweise: meine Eltern und ich, nachdem uns das Haus, in dem wir wohnten, überm Kopf in Flammen aufgegangen und das Stadtviertel zerstört war; der Zwilling und seine Frau, da man sie noch rechtzeitig aus der anderen Großstadt evakuiert hatte, ehe ihrem Hause das gleiche geschah; der Bösewicht sogar noch in der alten Wohnung, im nur leicht ramponierten Mietshaus der Landeshauptstadt, die doch am schlimmsten gelitten hatte. Wir begannen wieder zu leben. Jeder auf seine Weise. Mehr schlecht als recht. Zwischen den Brüdern änderte sich nichts.

Übers Jahr starb mein Vater. Als erster. Noch ehe er sechzig war. Vom Hunger geschwächt. Unmäßiger Anstrengung erlegen, der sein Herz nicht gewachsen war. Keiner der Brüder stand an seinem Grab. Nicht der Zwilling: der lag selber krank.

Nicht der Bösewicht: wer weiß, ob er's erfahren hatte! So hielt das Schweigen an. Bis in den Tod. Über den Tod hinaus.
Mein Leben wandelte sich: Ich heiratete, wurde Vater zweier Söhne, verließ mit meiner Familie bald die Stadt, in der ich geboren war. Ohne Bedauern. Ich habe sie nie geliebt. Hier, wo ich jetzt daheim bin, ließen wir uns nieder: dem Dorfe näher, dem die drei Brüder entstammten, nördlich der alten Landeshauptstadt. Fürs erste hatten wir damit zu tun, uns einzurichten in Haus und Beruf, heimisch zu werden zwischen Wald und Teichen, mit den Menschen anzuknüpfen, unter denen wir nun lebten.
Nach Jahr und Tag erst bedachte ich, wie nahe ich dem Bösewicht gerückt war. Hundert Kilometer Abstand waren auf fünfzehn zusammengeschrumpft. Aber es gibt Abstände, die kann man nicht in Kilometern ausdrücken. Ich wußte nicht einmal die Adresse.
Immerhin. Es gab ein Telefonbuch. Vielleicht war sie dort zu finden. Ich blätterte und fand.
Und was weiter? Den Hörer zu nehmen, zu sagen: Hallo, hier ist dein Neffe! Wie geht es dir? – nein, so standen wir nicht miteinander. Wir standen überhaupt nicht miteinander.
Eben das ließ mir keine Ruhe. Je länger, desto weniger. Eines Tages setzte ich mich hin und schrieb einen Brief: Wir verstehen's nicht, warum wir an altem Groll weiterschleppen sollen, mit dem wir nichts zu schaffen haben, weder wir noch unsere Kinder. Ich wunderte mich selbst, wie leicht es war, das zu Papier zu bringen. Nach einer Weile traf Antwort ein: Kommt und besucht mich! Das klang wie: Kommt, wir werden sehen!
Wir sahen: Eine Haushälterin, die den Auftrag hatte, uns freundlich aufzunehmen. Und einen alten Mann. Noch halbwegs stattlich, aber keineswegs der breitschultrige Riese, als den ich ihn im Gedächtnis trug. Die Kinder, ganz unbefangen, machten ihm sichtlich Vergnügen, wie sie ihm um die Knie tappten und arglos zu ihm aufschauten. Am Älteren entdeckte er die Kopfform der Zwillinge. Er fragte nach diesem und jenem. Nach dem Tod meines Vaters. Nach meiner Arbeit. Er

fragte sich an meine Frau heran, schien zufrieden. Er erkannte: Wir führten nichts im Schilde, hatten nichts im Sinn, als ihm zu sagen: Sieh uns an! Das sind wir, und wir sind dir nicht feind. Als wir aufbrachen, sagte er: Wenn ich in eure Gegend komme, besuche ich euch.

Er hielt Wort. Eines Tages im Sommer stand er vor der Tür, ließ sich nicht erst bitten, brachte den Kindern Schokolade und legte ein Bündel auf den Tisch, das er umständlich auswickelte. Das Beil. Es ist kostbar, sagte er, es gehört nun wohl zu euch. Mir schoß das Blut zu Kopfe. Wenn du es für richtig hältst ..., erwiderte ich. Und er: Gebt ihm einen guten Platz!

Seitdem hängt es dort.

Als meine Mutter uns besuchte und es entdeckte, fragte sie: Wie ist euch das gelungen? Ich merkte: Sie hatte Lust, späten Triumph zu feiern, den Sieg über den Schurken. Aber uns war nicht danach. Gab es einen Sieg zu feiern, dann einen ganz anderen – zusammen mit dem Bösewicht. Nicht über ihn.

Ein paar Monate darauf trat ein anderer über unsere Schwelle. Vater! wollte ich rufen. Vater, wie ich ihn gekannt hatte: nicht in seinen letzten Tagen, abgemagert und müde, sondern wie er gewesen war Jahre zuvor, und doch älter. Vater! Aber es war der Zwilling. Ich freue mich, sagte er. Ich freue mich, euch zu sehen.

Übers Jahr kam er zum zweitenmal. Nicht um sich an uns zu freuen und an unseren Kindern. Sondern um uns ein Erbe zu überbringen. Tausend Mark im Namen seines Bruders Max. Ja, so sei das nun. In aller Stille sei er begraben worden.

Mehr als ein Vierteljahrhundert ist vergangen. Tot ist der Zwilling. Tot meine alte Mutter. Tot auch unser älterer Sohn, der den Kopf der Zwillinge hatte. Wir andern leben noch. Und in meinem Arbeitszimmer hängt das Beil, Zeichen des Friedens seit mehr als einem Vierteljahrhundert. Vielleicht wird unser jüngerer Sohn es erben, nun der einzige Sproß. Sinn dafür hat er. Aber weder Frau noch Kind. Es sieht aus, als sei die Familie mit ihm zu Ende. Ist das Unglück so groß?

Mitunter, wenn ich über Land fahre, sehe ich das alte Familienhaus. Das Fachwerk ist gut im Stande. Die Hecke ist gepflegt. Aber hoch und sehr dicht. Soll ich halten und anklopfen? Ein Fremder wird mir öffnen. Wir wissen nichts voneinander. Da liegt kein Papierdrache mehr auf dem Schrank. Die alten Obstbäume sind gerodet. Die Mädchen von damals sind Großmütter geworden. Die lichtgrüne Helle meines Kindersommers finde ich dort nicht wieder. Ich lasse das Haus hinter seiner Hecke. Aber ich fahre gern durch das Dorf. Ich mag es.

Gruppenfoto um 1900

Der Fotograf – nein, der Photograph mit ph – muß das Stativ mit der schweren Plattenkamera und dem schwarzen Tuch darüber auf der anderen Seite der Dorfstraße aufgebaut haben, während sich im Haus alle zurechtmachten: Die Männer der Sippe wanden sich steife Kragen und festliche Krawatten um die Hälse, die Frauen zogen den straffen Mittelscheitel nach und überprüften die gute Brosche auf Sitz. Es war schließlich ein Unternehmen, das Vorbereitung erforderte. Und dann sind sie aus der Tür des Hauses gequollen, einer nach dem anderen. Der Photograph hatte einige Mühe, aber auch einige Erfahrung damit, alle so zu plazieren, daß von den Gesichtern genügend zu sehen blieb: Die Jüngsten nach vorn bitte! Und die Knaben – nun gut, der eine Zwilling (mein Vater) nach links, der andere (mein Onkel) neben die stattliche Tante in der Mitte. Die kranke erwachsene Schwester, blaß und schmal, bleibt ein wenig im Hintergrund, im Baumschatten fast; nie bis zu ihrem frühen Tod ist sie je in den Vordergrund getreten. Das jüngste Mädchen, festlich hell gekleidet (Ja nicht schmutzig machen!), tritt schräg vor ihre Mutter, den unbestreitbaren Mittelpunkt des Bildes. Der junge, fesche Herr bitte nach rechts als Flügelmann, ja, so, und die Uhrkette kommt natürlich mit aufs Bild. Der Herr mit dem Kneifer, auf dem anderen Flügel, muß den Kopf über den Schädel meines (zwölfjährigen) Vaters recken. Gut! Am unbesorgtesten um ihre Präsentation, am gelassensten bleiben die Gastgeber dahinten, meine Großeltern, die ich nie kennengelernt habe: Großvater mit seinem schönen, dunklen Backenbart und Großmutter, zwischen Tür und hohen Malven, mit bäuerlichem, lächelndem Gesicht. Hoch über ihnen steht ohnehin die Firma angeschrieben: »Karl Dachsel. Schneidermeister«.

Und jetzt bitte stillhalten, alle siebzehn Personen! Nicht wakkeln! So ... danke, meine Herrschaften! Da hätten wir's auf der Platte. Herr Daguerre hat es möglich gemacht. In natura darf das Tableau jetzt wieder zerfallen, dürfen seine Einzelteile wieder zurückkehren zu Kaffee und Kuchen, zu einem Spielchen oder zu einem Schwatz. Die Zwillinge können die schrecklichen Kragen und die rasch übergezogenen Jacken wieder loswerden. Die kleine Hübsche – hier nicht daheim – wird ihr helles Festgepränge anbehalten müssen. Schönheit muß leiden!

Keiner von denen, die da abgebildet sind, ist noch am Leben. Auch die Jüngste nicht: betagt ist sie vor einigen Jahren verstorben als Mutter jener unverheirateten »Cousine«, mit der ich neulich das Bild so genau wie möglich gemustert habe. Wir beide, schon in den Sechzigern, haben uns bemüht, die Personen auf dem Bild mit Hilfe eines Wustes alter Familienfotos zu identifizieren. Bei neun von den siebzehn ist es uns gelungen. Acht bleiben namenlos, Männer verschiedenen Lebensalters und – in dunklen Kleidern – diese alten Frauen, sämtlich mit den charakteristischen starken Backenknochen der Großmutter.

Die jüngsten Glieder der Sippe – wieweit noch Kinder? wieweit schon herangewachsen? – bieten den verläßlichsten Anhaltspunkt für die Datierung: Es muß um neunzehnhundert gewesen sein. Und zur Kirmes. Die Cousine weiß von ihrer Mutter, man habe sich nie zu anderen Anlässen in solcher Menge und Besetzung getroffen.

Acht schon jetzt namenlos! Und kaum Aussicht, daß sie noch einmal aus ihrer Namenlosigkeit hervortreten, aus ihr erlöst werden. Wer sollte sie noch kennen? Wer etwa sind jene stummen Frauen, denen ihr mühsames Dorfleben auf den Gesichtern steht? Noch dunkler als ihre Kleider ist das Dunkel um sie selbst. Ich wette, auf ihren Grabsteinen stand: GELIEBT UND UNVERGESSEN – oder doch etwas von dieser Art. Und wenigstens der Name. Aber wo sind die Grabsteine? Verwittert. Beseitigt. Abgeschliffen, wenn es guter Meißner Granit war. Längst neu verwendet, vielleicht schon zum dritten Mal. Auch in Stein gehauene Namen bleiben nicht, dafür ist gesorgt.

Nein, es ist nichts damit, daß sie fortleben im Gedächtnis der Nachfahren. Dieses Gedächtnis ist schlecht, und das meine ganz besonders. Mir, der ich beklagenswert wenig Sinn für Verwandtschaftsverhältnisse und Familienzusammenhänge habe, muß man immer von neuem erklären, wie und in welchem Grad ich mit der »Cousine« verwandt bin. Schon morgen weiß ich's nicht mehr. Ich kann es einfach nicht behalten. Irgendwo in der Tiefe ist es mir gleichgültig; denn ich mag sie doch nicht deshalb, weil sie mit mir verwandt, sondern weil sie ein erfreulicher Mensch ist.

»Geliebt und unvergessen« – was unser Mund da verspricht, vermögen wir es zu halten? Wir sind darauf gar nicht angelegt. Die Spannweite unseres Lebens und Gedenkens ist nicht groß genug. Sie reicht nicht von 1900 bis heute. Und das Foto selbst hat längst begonnen zu schwinden.

»Geliebt und unvergessen« – wenn nicht ein ganz anderer das sagt, wenn der nicht verbürgt, daß es auch wahr ist, dann erhofft nicht viel!

Ist es aber wahr, dann ist »Geliebt und unvergessen« zu wenig. Dann muß es heißen:

GELIEBT
UND
UNVERLOREN.

Mein Verstand – nein, mein Verstand faßt das nicht. Aber mein Herz ist gewillt, es zu glauben.

Wiesners Reich

Wenn der alte Wiesner das noch erlebt hätte! Sein Betrieb, sein Haus auf einem Poster im Kunsthandel! Sein Wurstkessel – von einem geschickten Fotografen präsentiert – wie ein Opferaltar aus dem Pergamonmuseum, so zwischen Assur und Babylon! Stolz wäre er gewesen, geehrt hätte er sich gefühlt – und doch! zugleich hätte er gesehen: Das Poster ist nostalgisch. Und das hätte ihn betrübt. Warum hat er denn alles, so brüchig es war, betriebsfähig gehalten, obwohl schon längst keine Wurstmasse mehr in seinem Kessel gerührt wurde? Er wollte nicht Vergangenheit sein.

Und nun ist er es doch. Er hat nicht mehr erlebt, daß er in den Kunsthandel geriet. Vor ein paar Jahren ist er gestorben. Und dann sind sie über sein Reich geraten – nicht die Erben, sondern der Fotomensch und ein Grafiker. Das alles dürfe doch nicht so sang- und klanglos verschwinden. Eigentlich gehöre es ja ins Märkische Museum. Nur ob das so viel Wurstfabrik vertrüge?

Also haben sie auf ihre Weise ein Stück altes Berlin dokumentiert, ein Haus im einstigen Scheunenviertel. »Alles längst abbruchreif!« sagt, wer hier nichts liebt.

Über der Einfahrt wacht der steinerne Kopf, dem man kürzlich das geschwärzte Gesicht gewaschen hat. Und er sieht gar nicht unfreundlich aus, dieser kinn- und backenbärtige Herkules, sondern als habe Wiesner mit ihm auf du und du gestanden und ihn »Aujust« gerufen.

Darüber – quer übers ganze Haus – die Firma: *»Fabrik ff. Fleisch- u. Wurstwaren / gegr. 1899 / PAUL WIESNER / Präm. 1905 / Speck- und Schinkensalzerei«*. Alles noch da. Nur das »C« von Schinken hat sich davongemacht, so daß fatalerweise nun »hinken« dasteht.

Aber halt! Dann hätte der alte Wiesner ja über hundert sein müssen, als er starb. Und so alt war er nicht. Zweifellos: Wir müssen Paul I. (Vater) von Paul II. (Sohn) unterscheiden, und der alte Wiesner ist folglich nicht der alte, sondern der junge Wiesner gewesen, der Junior und Erbe. Und prämiert (Wo übrigens? Die abgebildeten Plaketten sind nicht zu entziffern), prämiert wurde 1905 nicht er, sondern Paul I. Gleichviel – stolz darauf waren sie beide.

Ihr Geschäft sollte beileibe keine gewöhnliche Fleischerei sein. Aufstrebend wie ihre Schnurrbärte à la Wilhelm wollten sie nicht als Handwerker, sondern als Fabrikanten gelten. »Fabrik« mußte die Firma heißen, und zwar »mit electr. Betrieb«, wie die Tafel verkündet, die jetzt den Kopf des Posters bildet. Mit Fernsprechanschluß. Das Modernste also vom Modernen. Und nicht nur »en détail«, sondern auch »en gros«. Wieweit en gros Programm war und blieb – wir wissen's nicht. »En détail« jedenfalls war Wirklichkeit. Und »en gros« und »en détail« hatten denselben Stand in der Markthalle. Höher hinaus wollten sie beide, Paul I. und Paul II. Sie gingen ja herrlichen Zeiten entgegen, wie Seine Majestät verheißen hatte.

So sehe ich anfangs Paul I., später Paul II. – ich kann sie ohnehin nicht auseinanderhalten – als Prinzipal durch die Fabrik schreiten, sehe ihn seine Mannen bei der Speck- und Schinkensalzerei beaufsichtigen, sehe, wie er einen Lehrling am Ohr zieht und stumm auf den Spruch weist, der die eine der Wände ziert:

> Jedes Ding an seinem Ort
> spart viel Zeit und manches Wort.

»Spart« ist ein wichtiges Wort in Wiesners Reich. Wer es zu etwas bringen will, muß sparsam sein – »an seinem Ort« freilich. Denn dann wieder muß er wagen, muß riskieren »an seinem Ort«, darf gerade nicht sparen, muß Maschinen anschaffen für »electr. Betrieb«.

Und die Wurstmasse brodelt, die Transmissionsriemen laufen, daß es eine Lust ist. Es herrscht – Ehrensache! – peinliche Sauberkeit.

> Kommst du vom bewußten Ort,
> wasch die Hände dir sofort.

Das ist die zweite Devise an der Wand. Oder vielleicht die erste. Sauberkeit noch vor Ordnung.

Aber der Spuk verfliegt. Kein Prinzipal. Kein Lehrling. Niemand schwingt das Beil. Niemand salzt Speckseiten oder Schinken. Kein Transmissionsriemen rührt sich. Nur Siebe, Tiegel, Beutel, Kübel hängen an Haken von der Decke oder an den salpetrigen Mauern, sanft baumelnd vom Luftzug, der durch die oben geöffneten Fenster streicht. Ist da wer? Niemand.

Anders im übrigen Teil von Wiesners Reich: Vorder- und Hinterhaus, mit einem Hof dazwischen, von dem aus Hundswein aufs Mauerwerk vorgedrungen ist, den bröckelnden Putz freundlich bedeckend vom Frühjahr bis zum Herbst. Hier hausen – Wohnung für Wohnung – Familien, Paare und im Hintergebäude die Studenten, für die Paul Wiesner ein Herz hatte in ihren Logisnöten. Hier leben sie, auch wenn der alte Wiesner tot ist – in einer Straße, die noch immer vom Krieg gezeichnet ist: Benachbarte Ruinen lassen ihre Eingeweide sehen, Ölfarbenreste von Küchen, Trümmer von Fallrohren, Brandmauern, Ruinen, die in der Häuserreihe ragen wie kariöse Zahnstummel. Aber Wiesners Haus ist stehengeblieben mit rauch- und zeitengeschwärzter Rustikafassade. Die Eingangstür führt ins dämmrige Treppenhaus. Gedrechseltes Holzgeländer mit Knäufen und Kehlungen: Wahrzeichen, daß dies ein »besseres Haus« sein wollte. An dieser Tür noch einmal die Stimme des verblichenen Besitzers, eine Inschrift, diesmal ungereimt:

Ausrufen, Betteln, Hausieren, das Herumstehen
vor den Haustüren ist streng verboten. Der Wirt.

Sofort wimmelt es einem vor Augen: das alte Berlin, vor allem das arme. Der Hausierer mit dem Bauchladen. Das knutschende Liebespaar, das sich in den Winkel drückt. Im Hof der Leierkastenmann, dem aus ragenden Fensterfronten Pfennige vor die Füße fallen. Kinder um ihn herum.

Aber alles streng verboten! »Der Wirt«! Nicht: der Hauswirt. Lapidarer, wuchtiger: der Wirt. Das klingt wie: der Herr. Lakonisch. Drakonisch. Souverän. Absolut.

Souveräner Herr freilich ist der alte Wiesner, als er längst keinen emporgezwirbelten Bart mehr trug, nur noch über ein Volk von Hühnern gewesen. Die hielt er da hinten im Hof, hinter Draht, auf dem Dach seiner Fleischerei – Pardon! seiner

»Fabrik«. Wenigstens für die Hühner ist auch er prämiert worden, er, der Junior.
Dort vorn im Parterre hat er residiert, selbst in Filzlatschen noch der Hausbesitzer. Aber der Alte war offensichtlich milder geworden. Er rief oder klingelte »seine« Studenten ans Telefon, wenn Mutter oder Freundin anrief, spitzte die Ohren und redete ein paar Takte mit seinen Mietern, wenn sie den Hörer aufgelegt hatten. Er nahm ihre Fachzeitschriften von der Post entgegen und las sie – bildungsbemüht bis zuletzt –, sofern er nicht – nein, nicht in der Eckkneipe, sondern in der Konditorei um die Ecke saß.
Wovon mag er, als er wirklich alt war, geträumt haben? Gab es da nicht immer wieder auch den Traum von einer ganzen Ladenkette, von ungeheuren Mengen Salami, Lachsschinken, von klingelnden Registrierkassen und einer Riege hübscher Verkäuferinnen in blütenweißen Kitteln mit dem Monogramm PW? Aber für all das war es längst zu spät. König Paul II. brauchte nur auf das flache Dach seines Hauses zu steigen, etwa wenn er die Stellen inspizierte, an denen es durchregnete. Da sah er, was alles ihm über den Kopf gewachsen war, sah die sechzehn-, zwanzig- oder wievielstöckigen Wohntürme, den Fernsehturm, das neue Berlin. Er gehörte zum alten. Das Berliner Leben hatte sich andere Flutbetten gegraben.
Und doch – wenn der alte Wiesner das noch sehen könnte: sein Reich auf einem Poster des Kunsthandels! Eine Träne der Rührung würde er mit dem Finger zerquetschen. Und ein bißchen rauh würde er sagen: Kiekt ihr nur! Wie hab ich euch das hinterlassen? Nicht als Rumpelkammer, sondern komplett mit elektrischem Betrieb. Ihr braucht doch nur –
Aber niemand tut es.

Nachruf eines Hotelgastes für einen Instandhalter

Ende des Winters schickte man uns vom Hotel aus die Anzeige, briefblattgroß, mit breitem, schwarzem Rand: Am 6. März habe »der Genosse G. K. seine Mitarbeiter jäh verlassen«. Als Kopf des Blattes die Feststellung: Der Tod richtet sich nicht nach unseren Plänen. Das ist wahr, aber eine Weisheit, zu der man nicht Molière zu bemühen brauchte. Was der Verstorbene gewesen, sagt ein tschechisches Wort, das der ungelehrige deutsche Mund nur aussprechen kann, wenn er darauf trainiert ist. Es bedeutet »Instandhalter«. Für die deutschen Touristen war er schlicht »der Hausmeister«.

Daß ein südböhmisches Hotel ausländischen Sommergästen den Tod seines Hausmeisters mitteilt, ist ungewöhnlich. Normalerweise können sie die Anzeige nicht lesen. Wir ahnen: Eine der Kolleginnen aus der Rezeption hat uns das Blatt zugesandt, weil wir sieben Jahre lang dort unsere Urlaubsplätze gebucht hatten. Da kennt man sie alle – außer denen, die verborgen in der Küche arbeiten. Bestimmt aber den Genossen G. K.

Ich sehe ihn stehen, aufrecht im Vorraum: einen Vierziger in blauer Arbeitskluft. Den rechten Arm auf das Rezeptionspult gestützt, schaut er durch die Glastür auf den Platz hinaus. Sein Gesicht leuchtet auf, als er uns vorfahren sieht, meine Frau und mich. Er hebt die Brauen und setzt sich in Bewegung, in seinem langsamen Gang, wie ein Sportler, der sich lässig an den Startplatz begibt.

Er nimmt uns das Gepäck ab, schleppt es die Treppe empor in das seit Jahren vertraute Zimmer. Er fragt uns nach unserem Ergehen, wünscht gutes Wetter und angenehmen Aufenthalt, nickt uns zu und verschwindet.

Er war weder Portier noch Gepäckträger. Durchgebrannte Sicherungen gingen ihn an, den Instandhalter, tropfende Wasserhähne, defekte WC-Spülungen. Nicht unsere Koffer. Aber er ließ sich's nicht nehmen ...

Ihm ein paar Kronen zustecken für seine Hilfe – in einem Hause, wo im Grunde von Berufs wegen jeder darauf eingestellt ist? Nein, es gelang nicht. Er schüttelte den Kopf, winkte ab – ne, pane doktore! Dies tue er nicht für Geld, sondern aus kamarádství. Ich empfand das Wort nicht als zu vertraulich, auch nicht, wenn er im Abgehen leicht meine Schulter berührte. Es war die ganz sanfte, sogar fast scheue Gebärde eines Selbstbewußten, wenngleich sie nicht ins Hotelreglement paßte. Und es war eine Geste der Zuneigung.

Ja, es geschah, daß er seinerseits eine reife Paprikafrucht hervorzog – aus dem eigenen Garten! Und wir mußten sie kosten, mit Tränen in den Augen; denn das Teufelszeug war scharf, daß es einem den Atem nahm.

Woher seine Vorliebe für uns?

Deutsch verstand er nicht. Ungar dem Namen nach, sprach er ein Tschechisch, das uns wohltuend verständlich war. Und so bemühten auch wir uns, in dieser Sprache mit ihm zu reden. Vielleicht war es *das*.

Jeder Einheimische rings um den großen Platz kannte ihn. Verließ er das Hotel, kam er selten über die benachbarte cukrárna, die Konditorei, hinaus, ohne angesprochen zu werden. Bald wechselte er ein paar Worte mit dem Rentner, der aus der Klostergasse geschlurft kam, um die dreisten Tauben zu füttern. Bald ließen sich die Bauarbeiter auf einen Schwatz mit ihm ein. Vom hohen Sitz beugte sich ein Busfahrer zu ihm herab. Zwischen den parkenden Autos, auf dem Kopfsteinpflaster, strichen Zigeunerkinder umher, auf der Lauer, jedem Ankömmling, wenn er dem Wagen entstieg, Kaugummi, eine Süßigkeit, am besten eine Krone abzujagen – aus Sport, nicht aus Not, aber mit steinerweichenden Augen und in virtuos bettelndem Tonfall. Die freilich, wenn sie ihn sahen, gingen hinter Kühlerhauben in Deckung, zogen die Köpfe ein und streckten sie erst wieder hervor, wenn er vorüber war. Dabei tat er nichts, er ging nur über den Platz.

So pendelte er im Laufe des Tages zwischen dem Hirsch, dem Schwarzen Bären und dem Goldenen Steig hin und her, Tag für Tag. Denn tropfende Wasserhähne, ausgefallene Stromphasen, defekte Spülkästen gab es hier wie dort, täglich etwas anderes, aber doch immer etwas.

Dann und wann jedoch, abends oder am Wochenende, ging, ja wandelte er, stadtfein gekleidet, mit einer Frau am Arm, fast feierlich. Daß es immer dieselbe war, kann ich nicht beschwören. Diejenige, mit der ich ihn unter den Arkaden der urältesten Häuser traf, am Eingang zum Kino, war von der Natur vorzüglich ausgestattet, dem Umfang nach ein bißchen Matrjoschka, aber mit Feuer in den Augen und einem Mund, um den es sich lohnte.

Wo er hauste und wie, das haben wir nie erfahren.

Als wir ihm zum letztenmal zusahen, vom Hotelfenster aus, tat er etwas, das bestimmt nicht zu seinen Pflichten gehörte. Mitten auf dem Platz sprudelt unablässig der steinerne Brunnen, auf dem die Dame Justitia steht, in der einen Hand das Schwert, in der anderen – erst seit kurzem wieder – die Waage, auf deren Schalen die Tauben das Ihre legen. An diesem Brunnen machte er sich zu schaffen, gegen abend, bei quälender, schon Wochen anhaltender Hitze, schöpfte Eimer auf Eimer mit ruhiger Kraft, goß es sorglich an die Rosen und an die Wurzeln der Bäume rings um den Brunnen, der Bäume, an die sonst keiner dachte.

So sehe ich ihn noch.

Als wir abfuhren, tags darauf, beugte er sich zum Wagenfenster herab, fragte zum Abschied: Kommen Sie nächstes Jahr wieder?

Vielleicht werden wir wiederkommen. Im nächsten Jahr oder irgendwann. Was wissen wir!

Doch. Das Eine. Die Türme des Heiligen Jakub werden ragen, der lange und der kurze. Der Brunnen wird rinnen, und bei Nacht wird man's hören. Die Tauben werden gurren. Die Uhr vom Rathausturm wird die Stunden schlagen – oder sie wird stumm sein, weil er sie nicht mehr instand halten kann.

Denn seine Stunde hat schon geschlagen. Ein Wahrzeichen der alten Stadt wird fehlen. Der Tod richtet sich nicht nach unseren Plänen.

Unterwegs zu V. und A.

Für Ursel

Nein, Schicksal, tu uns das nicht an! Wir freuen uns auf Věrek und Aranka, auf ihre »Chalupa«, das Landhaus, das sie umgebaut und dem sie Wohnlichkeit eingehaucht haben; freuen uns auf Věreks Schreibtischchen, das so gar nicht zu einem Schriftsteller paßt (das ihm angemessene Möbel steht in der Stadtwohnung); freuen uns auf Arankas Atelier, wo Holzstämme zu Leibern werden, wo sie an Tafeln formt, Kreuzweg oder Tierkreis aus Linde oder Eiche. Hier, ganz in der Nähe muß es sein. Aber es ist verwunschen wie im Märchen. Braucht es ein Zauberwort, das wir nicht kennen?

Nein, tu's uns nicht an, daß wir das Haus nicht finden! Der Ortssinn reicht einfach nicht aus. Noch jedesmal haben wir gebangt und gesucht. Ich ahne: Eines Tages werden wir unverrichteterdinge umkehren müssen. Höchstens ein paar hundert Meter entfernt werden die Freunde auf uns warten. Vergeblich. Heute vielleicht.

Dabei ließ sich alles gut an. Wir haben das Öhr gefunden, das auf die richtige Straße führt, am Blanský les, dem großen Wald entlang. Und wir haben – kurz hinter dem Öhr – darauf verzichtet, der Ruine des nie zu Ende gebauten Klosters einen Besuch abzustatten. (»Jo, jo, jo, Český Kuklvajt!« hatte Věrek seinerzeit genickt, als wir ihm von unserer Entdeckung erzählten, und wir hatten über den Namen gelacht.) Diesmal haben wir das weiße Hühnervolk, das dümmlich gackernde, nicht aufgescheucht, das dort daheim ist im vergrasten Schiff der dachlosen Kirche mit den spitzbogigen Fensterhöhlen. (Hoch oben spielt der Wind mit Birkenbäumchen und Kiefer, die ihre Wurzeln in die Fugen getrieben haben.)

Wir sind vorübergeeilt, sind ohne zu halten durch die nächsten Dörfer gefahren, auch durch dieses hübsche, dessen Name –

völlig irreführend – ebensogut Fuchsbau wie Schlupfwinkel oder Spelunke bedeuten kann. Hier kreuzen sich die Straßen. Aber wir haben uns nicht verleiten lassen, sind weder rechts ab über den Paß hinaufgefahren nach Chvalšiny, wo die Störche – vier, sechs, nein: zehn! – auf dem mächtigen Kirchendach stehen, das sie zu ihrem Start- und Landeplatz erkoren haben; noch sind wir nach links abgebogen, wo wir nach Holašovice kämen mit seinen geputzten Fassaden rings um den Anger: apfelgrün, senffarben, weiß, rosa, hellblau ... (»Gefallen Ihnen unsere Holašovice?« hatte die junge Frau in einem der Torbögen gefragt, als wir mit der Kamera umherzogen. »Gefallen wir Ihnen?« fragen die Fassaden selber.)
Aber wir sind der Versuchung nicht erlegen, sondern stracks auf Věrek und Aranka zugefahren. Nicht einmal in Křemže haben wir gehalten, obwohl uns doch der Küster vielleicht auch diesmal den winzigen Span des Kreuzes in seiner Prunk- und Schaufassung gezeigt hätte, den Span, an dessen Echtheit er am Ende selbst zweifelt.
Sogar den hohen Berg Klet' samt Seilbahn haben wir rechts liegen lassen. (»Von da aus«, das hat uns Věrek eingeprägt, »besah sich der Hitler das geraubte Südböhmen!«)
Auch an Moldauschleifen sind wir nicht umhergeirrt, sondern haben mit klarem Kurs die einzige Brücke der Umgebung angepeilt. Längst liegt sie hinter uns. Wir sind weitergerollt, die große Straße nach Süden, haben sogar die richtige Abfahrt gefunden. Und nun?
O nein, Schicksal, tu uns das nicht an! Auf dem Rücksitz schaukelt das Manuskript. Lange und kopfschüttelnd hat der Zöllner darin geblättert. Vermutlich war ihm noch nie solches Geschreibsel vor die Augen gekommen. Schreibmaschinenzeilen, von denen sich kaum eine in sauberem Zustand präsentiert. Durchstreichungen überall, Pflugspuren des Stiftes, Dazwischengeschriebenes, an den Rand Notiertes. Hunderte von Blättern. Aber wir haben uns nun einmal vorgenommen, die Ko-Pilotin und ich, die Fährleute zu sein: Věreks Buch überzusetzen vom Ufer seiner Sprache an das unsere. Und was weiß der Zöllner von Věreks vertrackten Sätzen, von seinem Wortschatz, für den

kein Wörterbuch ausreicht, nicht einmal das ganz große! Kurz, auf dem Rücksitz hocken die Fragen, dicht gedrängt. Die wollen zu Věrek. Die lassen ihn nicht aus. Und Aranka wird helfen müssen, mit kleinerem Wortschatz und gescheiten Gesten, geschickt wie sie ist, während Věrek kinderäugig dabeisitzt und mit Herzen, Mund und Händen redet, leidenschaftlich, viel zu schnell für uns.

Nur – wo seid ihr? Kein Zweifel, auch diesmal haben wir uns zuletzt verirrt; denn hier müssen wir umkehren, hier ist die Welt zu Ende; das ist dieser verwunschene Winkel: Häuser und doch nirgends ein Mensch. Einmal, vor Jahren, am anderen Ende des Dorfes, stand eine Frau am Weg. Die konnten wir fragen. Aber sie wußte nichts von euch. Ein Schriftsteller? Eine Bildhauerin? Achselzucken.

Ja, wenn wir Majk, euer Dalmatinerhund wären! Wir fänden euch mit der Spürnase. Die Nase des Autos freilich – ach, die saugt zwar Luft ein, aber sie wittert nichts. Man darf von einem Auto bloß verlangen, was es kann.

Und jetzt also hat es mit uns schon den Rückweg eingeschlagen. Was soll werden? Gleich haben wir das Dorf hinter uns, gleich –

»Kehr wieder um!« ruft die Ko-Pilotin und dreht den Kopf. »Das ist Majk!«

Wahrhaftig, da steht er auf seinen vier schlanken Beinen hinterm Zaun und meldet unsere Ankunft.

»Brav, Majk! Guter Hund!« Und als verstünde er Deutsch, verstummt er und stürmt davon.

Sekunden später halten wir vor dem Tor (my home is my castle). Sein Türchen springt auf. Da ist Aranka, schlank, mit langen Beinen in langen Hosen. Hinter ihr Věreks gutes Gesicht, graumelierter Vollbart, funkelnde Augen. »Warum kommt ihr so spät?«

Sonne überm Land, azurner Himmel. Sonne da drüben auf dem Berge Klet'. Sonne auf dem Rasen im Hof. Sonne auf den Geranien. Sonne auf den Gesichtern. Und Majk, wieder da, wieder beruhigt, zieht sich auf seinen Lieblingsplatz zurück, gähnt, läßt sich's wohlsein.

7 5972

Wir wissen, das möchte Věrek auch: zuerst mit uns allen in die Sonne, dann – wenn es zu heiß wird – mit kühlem Krug in den Schatten. Er hat, urläublich gestimmt, nicht im mindesten Lust, diesem lästigen Schwarm von Fragen ein Interview zu geben. Aber er wird müssen. Eine Stunde wenigstens. Oder zwei. Und das geschieht am besten auf den Bauernstühlen nicht fern vom Herd, wo Aranka anfängt, uns zu Ehren Südböhmisches zu zaubern, ur-tschechisch wie Věreks Buch. Im vorigen Jahr Marillenknödel. Diesmal? Wer weiß! Nun, Knoblauch ist dabei, und der duftet wunderbar, weil Knoblauch wunderbar duften – und schmecken – kann, wenn nur die richtige Zauberin die Hand im Spiel hat ...

In Malé Svatonovice

Irgendwo hier in der Nähe mußte es sein. Wenn wir Namen auf den Ortsschildern lasen, war uns immer wieder, als höbe für einen Augenblick der eine oder andere Wassermann den Kopf aus der Flut: Der alte Kreuzmann aus Trutnov. Der vom Mühlenwehr im Flusse Úpa. Der von Havlovice bei der Holzbrücke. Der aus dem Radečer Bach. Der Zelinka aus Skalice. Der Kulda aus Ratibořice ... Und auch die Landkarte wies aus: In der Nähe mußte es zu finden sein.

Aber erst beim dritten Anlauf gelang es uns. Beim ersten verfehlten wir den Abzweig. Beim zweiten hinderte uns Straßenbau. Als wir die Suche schon aufgegeben hatten, entdeckten wir die Zufahrt.

Und dann also fuhren wir durch den Ort hinauf bis genau vor das Haus und Museum der Brüder Čapek in Malé Svatoňovice, dem Geburtsort Karels.

Wir klingeln, werden eingelassen und hinaufgebeten von einer jungen Frau, die Eintritts- und Ansichtskarten verkauft. Dann dürfen wir besichtigen: zuerst alles, was Karel betrifft (um den es uns geht), und dann darüber die Etage mit Josefs Bildern (fast jedes eine Entdeckung für uns).

Das Museum läßt wissen, was es wissen lassen will. Es präsentiert und repräsentiert – für Klein-Svatoňovice eigentlich eine Nummer zu groß – mit beeindruckend hellem Treppenhaus, mit Dokumentenkopien hinter Glasscheiben und Schaustücken in Vitrinen.

Als wir es verlassen, ausgiebig belehrt und gezielt informiert, merken wir: Im Grunde war es nicht das, was wir gesucht hatten.

Von gegenüber blinkt die sonnenbeschienene Kirchenmauer.

Und dann sehen wir es: Das Denkmal auf dem Platz. Die beiden Brüder, als sei Karel nicht Weihnachten 1938 gestorben, gerade zur rechten Zeit für ihn, ehe die brutale Macht nach ihm greifen konnte, ehe ihm das Schicksal Josefs zuteil wurde, der in Bergen-Belsen umkam.

In der Rechten hält Karel die geliebte Tabakspfeife. In der Linken trägt er – eine Gießkanne. Ich kenne das Foto, das den Künstler inspiriert hat.

Pfeife hin, Pfeife her – die kann auch der alte Blücher schwenken auf seinem Reiterstandbild.

Aber die Kanne! Kein Schwert. Kein Lorbeerkranz. Und keine monumentale Gebärde. Zwei Brüder im Gespräch auf dem Dorfplatz. Schlicht zivil.

Wir sind mitten im Jahr des Gärtners, sehen einen Mann, der gepflanzt und begossen hat. Was er pflanzte, ist tief in Böhmen verwurzelt. Hier blüht das Beet seiner Märchen. Hier sind auch seine utopischen, seine alp-haften, seine prophetischen Gebilde aufgeschossen. Und hier wächst Dášenka, das Hundekind, heran. Hier streift Pudlenka, die Katze. Fast alles, was er anrichtete – auch wo die Menschheit im ganzen, ihr Untergang oder ihr Überleben auf dem Spiel steht –, ist mit einer Prise aus dem böhmischen oder mährischen Kräutergarten gewürzt: Captain J. van Toch, Surabaya, aus dem »Krieg mit den Molchen« ist eben kein Holländer, sondern der Sohn des Krämers Vantoch aus Jevíčko am Markt. Und der erste der mysteriösen Karburatoren, denen das Absolutum entströmt, steht nicht in Fantasia oder Utopia, sondern – ganz präzis – im Keller von Ingenieur Rudi Marek in Prag-Břevnov, Mixagasse 1651 ...

Wir stehen und schauen. Wir atmen tief. Die Sonne scheint. Die Bäume bieten Schatten. Und die Vögel singen.

Die Gießkanne von Malé Svatoňovice. Das war es, was wir suchten. Aber das wußten wir erst, als wir sie gefunden hatten.

Entenjagd und Kinderfest

Diesmal fiel beides auf denselben Tag. Früh die Entenjagd am Teich. Dann das Kinderfest im Bad, ebendort.
Allen Anwohnern und Campingfreunden zur Kenntnis: In den frühen Morgenstunden herrscht Badesperre. Kein Unbefugter hat sich den mit der Jagd betrauten Personen zu nähern.
Vor Morgengrauen hören wir vom Bett aus das Geknatter der Schüsse und denken: Jetzt. Jetzt also dringen sie ins Schilf, mit Wasserstiefeln, brechen die Ruhe des schlaftrunkenen Teiches. Schrecken die Vögel auf: Stockenten, Reiherenten, Tafelenten, Bleßhühner. Schießen herunter, was sie treffen können. Hechelnde Hunde, gelehrig und gelenkig, bringen in ihren Schnauzen, was da noch zuckt oder schon nicht mehr zuckt. Brav, sehr brav.
Um vier Uhr hat es begonnen. Um acht Uhr, spätestens, ist alles vorüber.
Friedlich, von keinem Hauche gekräuselt, liegt der Teich. Stiller Spiegel. Die Sonne hat den Morgendunst abgeworfen, scheint hell wie neugeputzt, macht glauben, nichts liege im Dunkel.
Das Fest beginnt. Es wird ein sehr schönes Kinderfest. Ein Fest der Lebensfreude. Mit Ziehharmonika und Blasmusik. Eis und Würstchen. Mit Spielen und Tänzen. Mit Wettkämpfen und Siegespreisen. Und mit viel Lachen.
Irgendwo hebt ein Kind eine gesprenkelte Feder auf.
Das alles erinnert mich an etwas. Woran nur? Woran?

Das Haubentaucherpaar mit drei Jungen, zum Glück, hat überlebt.

Kaugummi

Manche meiner Bekannten kommen regelrecht in Fahrt, wenn sie unter Kinder geraten. Ich hingegen werde mir zu einer einzigen Verlegenheit. Was sollen sie nur mit mir anfangen! Ich schüttle keine schönen Spiele aus dem Ärmel, keine spannenden Geschichten. Ich verstehe mich nicht darauf, Faxen zu machen. Meine Malkünste sind höchst bescheiden, und ich kann auch nicht über Tisch und Bänke gehen.

Es ist so lange her, daß meine Kinder klein waren. Übung als Großvater habe ich auch nicht. Gewiß, man kann sich mit mir ein wenig herumbalgen auf dem Teppich oder auf einer Decke im Gras, und wenn mir dabei ein paar Haare ausgehen, macht das nichts.

Aber das ist auch schon alles.

Nein, für Kinder bin ich keine Attraktion, leider. Was tun, um nicht völlig resignieren zu müssen?

In meinem Schreibtisch gibt es ein Fach, das ist voller Kaugummi. Für mich? Ja. Ein bißchen auch für mich. Aber wenn ich Besuch von Kindern bekomme oder zu Kindern gehe, dann habe ich immer einen Vorrat davon in der Tasche. Ich halte es ihnen hin, kaum je einen einzelnen Streifen oder eine einzige Kugel, sondern, bunt und glänzend, ein Päckchen von fünf oder zehn Stück. Ich sage »Magst du?« oder »Da bitte!«, und – ob nun Junge oder Mädchen: fast immer komme ich damit an. Sie nehmen es und bedanken sich. Oder sie vergessen auch, sich zu bedanken.

Und dann?

Was: »und dann«? Sie stopfen sich einen Streifen davon in den Mund, lassen die Verpackung fallen – auf den Tisch, wenn sie gut erzogen oder überhaupt erzogen sind –, beginnen zu mümmeln oder Blasen zu treiben wie Ochsenfrösche.

Und dann?

Gar nichts: »und dann«!

Immerhin sehen sie mich mit einem Blick an, der besagt: Wenn auch sonst nicht viel mit ihm los zu sein scheint – in dem einen Punkt ist er brauchbar.
Aber ob sie verstehen, daß ich per Kaugummi mit ihnen rede? Ob sie die Sprache meines Kaugummis verstehen? Ich weiß es nicht. Deshalb will ich versuchen zu übersetzen. Damit man wenigstens im nachhinein Bescheid weiß.
Ich bin schüchtern, sage ich. Ich bin euch gegenüber viel schüchterner als vor Erwachsenen. Schüchtern bin ich, weil ich so ungeschickt bin. Und ungeschickt bin ich, weil ich so schüchtern bin. Bitte, seht es mir nach!
Und meint nicht, ich sei euch nicht gut! Außerdem habe ich großen Respekt vor euch. Beachtet, daß ich euch weder Himbeerbonbons noch Stundenlutscher anbiete, sondern Kaugummi – etwas, das beide mögen, Erwachsene und Kinder, etwas, das sie verbindet und das ich auch selbst nicht verachte. Es lächert mich immer, wenn ich sehe, wie sich Erwachsene von ihrem Gipfel zu einem Kind herablassen, um ihm ein Bonbon zu verabreichen – ebenso wie mir graust, wenn sie meinen, sie müßten mit euch in einer anderen Sprache reden, mit Worten, die sie für kindlich halten, in einer anderen Oktave und mit einer Miene wie Honig. Ich zweifle nicht daran, daß ihr sehr genau merkt, wie falsch das klingt.
Ich will mich bei euch auch nicht mit einer süßen Klebrigkeit anbiedern. Bitte: säuberlich verpackt und trocken. Ihr sollt nicht an mir klebenbleiben, nicht einmal mit den Fingerspitzen.
Ich will euch nicht kaufen. Es heißt nicht Kaufgummi, sondern Kaugummi.
Es steckt auch kein Angelhaken darin. Ich will euch nicht listig für mich an Land ziehen.
Aber ein scheues, kleines Liebesgeständnis, ein leises Angebot von Freundschaft – das allerdings ist es. Man kann es entgegennehmen und braucht trotzdem nicht darauf einzugehen. Kauen. Ausspucken. Schluß. Das bleibt euch überlassen.
Es kann auch anders verlaufen: Das gekaute Klümpchen verliert sein Aroma. Unsere kleine Freundschaft entfaltet das ihre.
Das ist es, was ich sage, und ich wünschte, man verstünde es.

Ich kenne eine kluge Frau, die behauptet, sie wisse ganz sicher: Wenn ein Mensch stirbt, dann holten ihn welche ab und hinüber, die ihn geliebt haben.
Wenn sie recht hätte ...
Nun?
Ach nichts. Eine Narretei.
Ich stelle mir vor, da stünde jemand, gleich an der Schwelle, der zwinkerte mir zu und sagte:
Hallo, Kaugummimann!

Grabstein

Ein paar Schritte von der Kirchenmauer der Grabstein eines Fünfzehnjährigen. Form und Schrift nicht mehr neueste Machart. Auch Grabsteine haben ihre Moden.
Über dem Namen, auf rauhgemeißeltem Feld, in Lettern aus rotem Granit: DU BIST MEIN. Auf den ersten Blick nimmt es sich aus, als versuchte hier ein Vater, als versuchte eine Mutter festzuhalten, was fünfzehn Jahre zuvor gegeben und nach fünfzehn Jahren genommen wurde. Als reklamierten sie ihr Recht trotzig, aber vergeblich gegen den Tod. Oder gegen ihren Gott, der das Unmögliche verfügt hatte.
Der zweite Blick sieht: Zwischen Inschrift und Namen steht, ganz klein: Jes. 43,1. Blätterst du im Buch Jesaja, so findest du: »Und nun spricht der Herr, der dich geschaffen hat, Jakob, und dich gemacht hat, Israel: Fürchte dich nicht, denn ich habe dich erlöset; ich habe dich bei deinem Namen gerufen; du bist mein.«
Anders also. Nicht Eltern versuchen ohnmächtig ihr Kind zu halten. Sondern der Gott Jakobs, der Gott Israels hält seine Hand darunter.
Ist der Fünfzehnjährige Jakob? Ist der Junge Israel?
Der dritte Blick entdeckt: Die Mitte des Inschriftfeldes bilden, ineinander verschränkt, das Chi und das Rho des Christuszeichens. Und der von rechts oben schräg abwärts nach links verlaufende Balken des Chi drängt unten über das Feld hinaus auf den Namen zu: Thomas.
Du verstehst. In diesem Zeichen gilt es. Der Gott Jakobs, der Gott Israels spricht: Thomas, du bist mein. Also greift der Chi-Balken in Wahrheit viel, viel tiefer. Bis auf den Grund des Grabes.
Es ist, als nähmest du endlich eine Melodie wahr, die schon längst summt.

Du bist mîn, ich bin dîn:
des solt du gewis sîn.
Du bist beslozzen
in mînem herzen ...

Uraltes Lied. Warum es verscheuchen? Weil es ein Liebeslied ist? Weil es nicht hierher paßt?
Es *ist* ein Liebeslied. Und es paßt. Denn es ist eine Liebesgeschichte, von der der Stein erzählt: zwischen dem Gott Jakobs, dem Chi-Rho und diesem Thomas.
Aber Menschen waren es, die den Stein errichten ließen. Stell dir vor, daß der Vater des Jungen die Inschrift entwarf und in Auftrag gab. Daß er nur wußte, was da auf dem Stein steht. Nichts sonst. Aber dies. Nicht, warum es geschah. Nichts von einer Allmacht, wie wir sie uns vorstellen: mit der man hadert oder vor der man resigniert. Dieses DU BIST MEIN, sagt er sich, diese vielgeleugnete Liebe ist das einzige, worauf ich setze. Hält sie fest, dann ist alles gut.
Und du siehst den Mann bei der Mutter des Jungen vor dem Grab stehen. Er streicht ihr über den Arm, du hörst ihn sagen: Laß los! Wir können es. Laß ihn dem!
Da hockt die Frau sich nieder und ordnet die Rosen, die sie gebracht hat. Meine Liebe, sagt sie, macht ihm keine Konkurrenz.

Vielleicht doch noch

Vielleicht lernen wir doch noch,
daß anderen nicht beigebracht werden muß, zu sein wie wir. Anderssein ist weder Bosheit noch Makel. Und ob es sich lohnt, uns zu gleichen, ist immerhin der Frage wert.
Vielleicht lernen wir doch noch,
daß unsere Selbstverständlichkeiten nicht vom Himmel gefallen sind. Der liebe Gott hat unsere Rollen auch nicht ein für allemal persönlich verteilt.
Vielleicht lernen wir doch noch,
daß jeweils noch nicht heraus ist, was einen richtigen Mann ausmacht und was eine richtige Frau. Wir tragen's immer neu aus.
Vielleicht lernen wir doch noch,
daß unsere Welt nicht zu sein hat, wie sie war. Sie wird auch nicht so bleiben, wie sie ist.
Vielleicht lernen wir doch noch,
daß den andern in Schach halten noch kein Friede ist. Dieses Schach-Spiel frißt das Brot der Hungrigen, Tag für Tag.
Vielleicht lernen wir doch noch,
daß Angst menschlich ist und kein Grund, sich zu schämen. Aber unmenschlich ist es, andere an ihren Ängsten zu steuern wie Puppen an ihren Drähten.
Vielleicht lernen wir doch noch,
für die anderen einzutreten:
die vielen für die wenigen,
wer Stimme hat, für die Stummen,
die Starken für die Schwachen,
die »Normalen« für die, die anders sind.
Vielleicht lernen wir doch noch,
daß Arbeit Leben ist, daß aber Leben nicht in Arbeit aufgeht. Daseinsrecht muß nicht erst erworben werden durch Leistung oder Gesinnung.

Vielleicht lernen wir doch noch,
die Hände ruhen und den Geist spielen zu lassen zu seiner Zeit.
Vielleicht lernen wir doch noch,
freundlicher zu sein zu unserer Nährmutter Erde und ihr nicht Schlimmeres zuzufügen, als sie heilen kann. Es ist nicht gut, noch den letzten Sumpf auszutrocknen. Besser ist es, Störche zu beherbergen. Und wer nicht achtgibt, produziert Wüste.
Vielleicht lernen wir doch noch,
daß Verzicht nicht schon Tugend und daß anspruchsvoll sein nicht schon Laster ist. Aber es wäre gut, zu verzichten, wo wir heute Ansprüche stellen, und anspruchsvoller zu werden, wo wir heute verzichten.
Vielleicht lernen wir doch noch,
was leben heißt.

Inhalt

ISBN 3-374-00557-8

1. Auflage
Lizenz 420.205-108-88. LSV 6530. H 5972
Umschlaggestaltung: Hartwig Hoeftmann
Printed in the German Democratic Republic
Gesamtherstellung: Eichsfelddruck Heiligenstadt V 8-2
00400